Mithal Madloo
Salih Mahdi

Vestígios do teatro político de Brecht em Wannous teatro de politização

AF209938

Mithal Madloo
Salih Mahdi

Vestígios do teatro político de Brecht em Wannous teatro de politização

ScienciaScripts

Imprint

Any brand names and product names mentioned in this book are subject to trademark, brand or patent protection and are trademarks or registered trademarks of their respective holders. The use of brand names, product names, common names, trade names, product descriptions etc. even without a particular marking in this work is in no way to be construed to mean that such names may be regarded as unrestricted in respect of trademark and brand protection legislation and could thus be used by anyone.

Cover image: www.ingimage.com

Este livro é uma tradução do original publicado sob ISBN 978-620-2-91986-9.

Publisher:
Sciencia Scripts
is a trademark of
International Book Market Service Ltd., member of OmniScriptum Publishing Group
17 Meldrum Street, Beau Bassin 71504, Mauritius
Printed at: see last page
ISBN: 978-620-2-97018-1

TRAÇOS DO TEATRO POLÍTICO DE BRECHT NO ASPIRANTE A TEATRO DA POLITIZAÇÃO

POR

Dr. MITHAL MADLOOL CHELAB

Dr. SALIH MAHDI HAMEED

1

DEDICAÇÃO

PARA

O Meu País Encantado

Iraque

AGRADECIMENTOS

Gostaria de expressar a minha profunda gratidão e respeito sincero ao meu professor, Dr. Salih Mahdi Hameed(Prof.)(Departamento de Inglês, Faculdade de Educação, Universidade da Babilónia), que me proporcionou tudo o que preciso ao longo do curso de redacção desta fonte: conhecimento puro, sugestões inestimáveis, comentários indispensáveis, orientação infinita, fontes essenciais, e com paciência paterna.

Os meus sinceros agradecimentos são devidos ao Dr. Brian Walsh (Asst. Prof. do Departamento de Inglês, Universidade de Illinios) cuja generosa e verdadeira assistência académica é honestamente inestimável. Estou-lhe muito grato pela sua ajuda e por me fornecer as fontes mais recentes sobre Brecht e Wannous. Estou também grato ao Mis. Nesrin Al Refaai (candidato ao doutoramento no Departamento de Estudos Teatrais, UniversidadedeWarwick) cuja ajuda tem sido de grande valor.

Estou consideravelmente agradecido ao Dr. Mahmmed Abu Khedeir(Asst. Prof.), Dr. Mahmmed Hussein Habeeb (Asst. Prof.) e Dr. Ali Al-Rebaya'i(Lecturer) (no Colégio de Belas Artes, Universidade da Babilónia) cujas fontes úteis têm ajudado muito neste estudo.

Estou também muito grato ao Dr. Qassim Salman (Asst. Prof.), Dr.Areej M. Jawad (Docente) e Dr. Meha Taher (Docente) (na Faculdade de Educação, Universidade de Al-Qadissiya) pela sua amável ajuda e conhecimentos inestimáveis que melhor prestaram.

Devo uma gratidão especial e uma apreciação honesta ao Dr. Mahdi Harith al-Ghanmy (Professor no Departamento de Árabe, ColégiodeEducação, Universidade de Al-Qadissiya) cujo esforço em fornecer-me fontes e

4

informações úteis sobre o drama árabe moderno em geral e o de Wannous em particular é indescritível.

Estou também em dívida para com o pessoal da *Revista Al Jadid*, Canadáque me enviaram fontes bastante importantes e úteis sobre o teatro de Wannous.

Também devem ser expressos agradecimentos ao meu professor Dr. Maysaa' Kadhim(Docente no Departamento de Inglês, Colégio de Educação, UniversidadedeAl-Qadissiya) cuja ajuda não pode ser descrita em palavras. Os meus agradecimentos são também devidos aos meus colegas: Ahmed Abdul-Hussen e Hind Ahmed, que me ajudaram altruisticamente a oferecer-me assistência e encorajamento.

Mithal Madlool Chelab/ Universidade de Kufa/ Iraque

mithalm.albedairi@uokufa.edu.iq

mithalchelab@yahoo.com

Telefone: 009647823870177

CONTEÚDO

ABSTRACT

Bertolt Brecht(1898-1956) e Saadallah Wannous(1941-1997) são dois dramaturgos modernos que pertencem a culturas diferentes, mas são quase iguais na abordagem de temas sócio-políticos e na transformação do seu teatro num fórum para a discussão de questões sociais e políticas. Ambos os dramaturgos são caracterizados por uma exibição do seu tema fundamental: a relação entre o indivíduo e a sociedade e as suas autoridades, e foram coloridos por impulsos dogmáticos e didácticos que fazem do teatro de Brecht, bem como de Wannous um instrumento de mudança social. O estudo visa acompanhar as influências do drama brechtiano nas peças de Wannous. Isto não implica necessariamente que Wannous seja um mero imitador que copiou Brecht; ele é um dramaturgo árabe cuja criatividade lhe permite assimilar o que encontra em Brecht e noutros dramaturgos europeus modernos, ou seja, Samuel Beckett, Eugene Ionesco, e Peter Weiss que se adequam à necessidade da sua própria arte. A tese foi conduzida através de um estudo crítico das peças principais de Brecht e Wannous. O estudo divide-se em três capítulos e uma conclusão.

O Capítulo Um é um breve comentário sobre a vida e carreira de Bertolt Brecht, bem como a natureza do teatro épico: a sua origem e o que significa o termo "Teatro Épico". Além disso, reflecte as teorias de Brecht sobre o efeito de alienação e as suas atitudes relativamente ao teatro, palco, espectador, personagem, linguagem e enredo. Além disso, este capítulo também mostra o que Brecht explora e introduz ao indivíduo que lhe permite compreender a realidade da sociedade. Este capítulo introduz as características do teatro de Brecht através de um estudo crítico detalhado das suas peças: *Medo e Miséria do Terceiro Reich* (1938), *A Boa Pessoa de Szechwan* (1940), e *Mãe Coragem e Seus Filhos* (1941), onde as características comuns do teatro épico são melhor vistas.

O capítulo dois é dedicado ao estudo das características do teatro de Saadallah Wannous, um pioneiro do drama árabe moderno. Começa também com um comentário sobre a sua vida e carreira. Mostra as atitudes dramáticas de Wannous e o que ele faz a partir de várias escolas e tendências do drama moderno. Além disso, este capítulo esclarece que os ecos do "teatro político" de Brecht são também vistos na tentativa de Wannous de designar o seu teatro, o "teatro da politização", que desempenha um papel positivo no processo de mudança social e política. Este teatro e a arte de Wannous como um todo são realmente explorados através de análises críticas das suas principais peças: *O Elefante, Sua Majestade (Al-Feel, Ya Saheb Al-Jallala)* (1969), *O Rei É o Rei (Al-Malik huwa 'l-Malik)* (1977), e *A Violação (Al-'Ghetesab)* (1990).

O Capítulo Três tenta uma visão dos campos onde Wannous depende realmente de Brecht para o tratamento dos mesmos assuntos. Por outras palavras, este capítulo pretende ser um estudo detalhado das influências do teatro épico de Brecht sobre as peças de teatro de Wannous em matéria de temas e técnicas.

O estudo acaba por terminar com a conclusão onde são introduzidas as principais conclusões do estudo.

CAPÍTULO UM

TEATRO BERTOLT BRECHT'S

O dramaturgo que veio para abalar o Ibsenismo e para ficar na mesma rocha onde Ibsen ficou anteriormente é Bertolt Brecht. [1] Ele foi comparado com Shakespeare devido ao que é descrito como "grandeza equivalente"[2] e a Hemingway para impulsos "realistas modernos". [3] Brecht tornou-se de facto um tópico para uma variedade de estudos académicos que provaram ser suficientemente significativos para mudar o rumo do drama moderno em particular e da literatura moderna em geral. [4]

Brecht nasceu a 10 de Fevereiro de 1898 e veio para iluminar a vida do seu pai católico, respeitado e rico e a da sua mãe, a filha protestante de um funcionário público. Na verdade, Brecht atraiu mais à sua mãe do que a qualquer outra pessoa: foi com ela que aprendeu a Bíblia alemã de Lutero, que se tornou "a fonte fértil" para o seu vocabulário e imagens ao longo da sua carreira literária. [5] Esta atracção pela sua mãe tinha-se desenvolvido ao ponto de o ter tornado um rebelde contra os burgueses, tomando o lado dos "comuns" cuja vida e sofrimento se tinham tornado os temas centrais das suas obras. Ele "deixou a [sua] própria classe e juntou-se ao povo comum"; [6] ele sentiu de facto as suas feridas.

O espírito de Brecht ferido aos dezoito anos de idade ao testemunhar as misérias e sofrimentos dos soldados com quem viveu em tempo de guerra como sendo um estudante de medicina que trabalha num hospital militar. [7] De facto, Brecht era contra a guerra antes de se envolver no hospital militar: estava prestes a ser dispensado do colégio por um trabalho que atacou a guerra. [8] Sem dúvida, tal experiência deve ter-lhe permitido dar uma imagem vívida das condições de vida durante a guerra, como na *Mãe Coragem e seus filhos* e no *Medo e Miséria do Terceiro Reich*.

A educação de Brecht tem o seu significado na formação do seu trabalho futuro: o estudo da medicina absorveu a sua alma com o horror da guerra, e a da economia confrontou-o com o problema da classe trabalhadora. [9] A guerra e os negócios são temas centrais que ocupam as suas peças, por vezes tanto num único texto, como na *Mãe Coragem e nos seus filhos*. Tais temas são igualmente marcos no seu verso onde imagens de crueldade, injustiça, miséria e pacifismo fanático se tornam a base de todos os seus pensamentos políticos como em "A Lenda do Soldado Morto". [10] Martin Esslin enfatiza este ditado da associação:

> Brecht [é] um poeta, em primeiro lugar e acima de tudo. Por muito que os seus escritos possam ter despertado como expressões dos problemas e ansiedades da época, como panfletos políticos, manifestos de reforma de palco, ou documentos sociais, a sua principal distinção reside no facto de serem 'discurso memorável'. Este é o seu significado primordial. Está subjacente, e dele deriva, qualquer outro significado que possam possuir. [11]

O jovem Brecht é frequentemente considerado como um feixe de aparentes contradições: solitário e incapaz de comunicar as suas emoções, mas rodeado por um círculo de amigos. "Ele é composto de fogo e água" [12] Esta dupla natureza reflecte-se na Mãe Coragem cuja imagem de uma "mãe bondosa" está em contradição com a imagem de uma "mulher de negócios cruel" e, finalmente, as suas qualidades negativas de egoísmo, e o seu amor pelos negócios "esmagam" os positivos. [13] Além disso, a heroína de *The Good Person of Szechwan* pode ser uma espécie de Shen Teh e uma Shui Ta impiedosa ao mesmo tempo. [14] Isto também pode ser atribuído à sua vida no meio de cenas de morte e do derramamento de sangue da guerra que deve ter levado a suprimir a sua emoção, elevar a sua voz racional, e torná-lo incapaz de simpatia e empatia. Na verdade, pôr as emoções de lado e seguir a voz racional é um dos pontos básicos que Brecht pretende alcançar no seu "Teatro Épico". [15]

"Teatro épico", o termo inventado por Erwin Piscator[16] e adoptado pelo seu discípulo Brecht, refere-se a "uma forma de teatro e um método de apresentação desenvolvidos na Alemanha nos anos 20". [17] Brecht adoptou realmente o teatro de Piscator desde que encontrou "o teatro realista" do seu tempo inadequado para o seu propósito artístico, uma vez que cria a ilusão da realidade. [18] Piscator chamou a esta nova forma dramática "Teatro Épico", confiando na concepção aristotélica de "um conto contado sem ter de observar as unidades do tempo e do lugar". [19] Isto resulta em tornar a representação em teatro épico livre das restrições das antigas convenções realistas, particularmente da "peça bem feita". Como afirma John Gassner, Brecht procura a realidade em vez da unidade em matéria de acção e cenário, e por este estilo inventa uma nova direcção no drama. [20]

No teatro épico de Brecht, quebrar a ilusão da realidade é uma teatralidade essencial que é "a concepção média do que é artisticamente 'real' [dependendo] da cultura e temperamento prevalecentes dos tempos". [21] Por outras palavras, Brecht desenvolve um novo modo de escrita e produção teatral conhecida como "realismo épico" que é diferente da do século XIX ou da de Ibsen que capta o pequeno mundo apertado da vida privada, dos interesses e dos problemas. Acolhe a sociedade cuja realidade é um recipiente que recolhe a multiplicidade de situações e problemas. [22]

Brecht, contudo, compreende que "a realidade última deve ter raízes sociológicas e políticas". Isto explica porque considera o homem como irreal, excepto como sendo a soma das relações sociais. [23] As peças de Brecht, portanto, concentram-se na relação do homem com a sua sociedade: são análises intelectuais do homem e da sociedade, [24] e com especial enfoque no dilema entre "justiça social e a necessidade de sacrificar interesses individuais em nome da comunidade". [25]

Brecht não quer "estabelecer a sociedade como uma abstracção contra o indivíduo"[26], mas acredita que é a sociedade que faz das pessoas o que elas são, para que a reforma e a mudança social as possa alterar para melhor. [27] Reformando a sociedade e mudando o mundo, a bondade de Shen Teh pode vir a existir efectivamente e a Mãe Coragem pode ganhar a sua vida honrosamente longe da guerra, que é o negócio feito por sangue em vez de botas. [28] Isto permite às pessoas que vivem sob o Terceiro Reich esquecerem a sua miséria e procurarem um futuro melhor. Para este objectivo, Brecht não cumpre as unidades (aristotélicas) de tempo, lugar e acção que têm sido "uma moda pedante de Ésquilo a Ibsen"[29], a fim de criar um realismo épico que não pode ser nada a menos que desperte as faculdades críticas do público. [30]

A realização de realismo épico (e social) é conseguida por diferentes técnicas que cooperam para criar um desprendimento crítico. O primeiro passo para o conseguir é sensibilizar o público para a presença das personagens no palco, e considerá-las como meros actores que pertencem ao mesmo mundo onde estão sentados, o mundo do teatro. [31] Por outras palavras, Brecht procura o efeito de alienação em vez da identificação que é o cerne do drama humanista da Renascença. [32]

O Efeito de Alienação é o conceito em torno do qual todos os métodos de produção e actuação têm sido discutidos: é a palavra-chave na teoria de Brecht do drama épico. [33] Brecht confia fortemente no efeito de alienação, uma vez que acredita que é a característica distintiva para a estrutura interior do homem e também para a sociedade. [34] É uma técnica que retrata e rotula os incidentes sociais humanos como algo estranho que precisa de uma explicação e que não pode ser tomado como garantido. Permite ao espectador "criticar construtivamente de um ponto de vista social". [35] Por outras palavras, o efeito de alienação exige que se desliguem criticamente tanto o público como os actores da representação da peça. Seguindo este caminho, o público pode suspender a sua identificação emocional com as personagens e situações da peça e perceber que o que vê é meramente uma representação teatral. [36] Curiosamente, J. L. Styan compara o efeito de alienação com o 'alívio' cómico na tragédia shakespeariana no sentido em que é usado para fortalecer "qualquer emocionalidade incipiente em tais equívocos e aumenta tensões tão irónicas como a peça possui". [37] Martine Esslin, por outro lado, argumenta que Brecht não quer fazer da destruição da ilusão cénica um fim em si, mas sim beneficiar do seu valor positivo. Este valor funciona quando se cria um distanciamento em vez de identificação entre o espectador e a personagem. Por outras palavras, através do efeito de alienação Brecht visa permitir ao público considerar a acção num espírito crítico; ou seja, o espanto e a admiração são criados a partir da estranha aparência das coisas e atitudes que conduzem a uma nova compreensão das situações humanas. [38]

Como muitas outras técnicas teatrais de Brecht, o efeito de alienação tem sido analisado em relação à teoria marxista. Eric Wilkinson explica como a "condição auto-reflexiva" emerge da peça de Brecht pelo processo de distanciar os espectadores da peça e de os envolver novamente. Wilkinson afirma que "o conceito de alienação deriva da Teoria Socialista". Afirma que a venda de mão-de-obra afasta o proletariado e inibe o autodesenvolvimento". [39] M.P.Thompson, contudo, afirma que através deste método de representação, Brecht tenta alienar o público a fim de reconhecer o tema da peça. [40] A opinião de Thompson é quase semelhante à de Styan que investiga o verdadeiro objectivo por detrás da utilização do efeito de alienação:

> A busca incansável de Bertolt Brecht, tanto na sua escrita teatral como na sua encenação, de um efeito de afastamento ou "alienação" poderia ser argumentada como um disfarce para

13

o seu ensino, uma tentativa ao longo da vida para evitar a responsabilidade do maior drama, que utiliza o meio teatral para explorar a realidade em comunhão com o seu público. Como dramaturgo, foi sem dúvida sobrevalorizado, porque o seu impulso para tratar o sentimentalismo do seu sujeito com o olhar cómico do desconhecido produziu uma série de peças de teatro com o bordo áspero que apelou à geração cínica. [41]

A pedra angular que deve estar envolvida para criar o efeito de alienação é o actor que não tem de se perder no processo de representar ou interpretar a personagem inteiramente a partir de dentro. [42] O actor deve falar das coisas tal como acontece com outra pessoa; espera-se que ele use o estilo de relatório ou citação para dizer o que a personagem representada disse. Isto é feito deliberadamente a fim de indicar a sua consciência e consciência da intenção da peça, mostrando que ele é tal e qual o público que está "a uma distância fria do que acontece no palco". [43] Por outras palavras, como Brecht quer que o público não se identifique com as personagens, "ele não quer que os actores 'sejam' as pessoas que eles [retratam]". [44] Styan concebe que o actor adopta uma atitude crítica social e imagina-se um líder de um grupo de discussão e não um mero actor numa determinada actuação. [45] Em seguida, dirige-se directamente ao público.

Shen Teh: Por favor não chame o meu primo, Sr. Shu Fu.
Nós não somos de uma só mente, eu sei. Mas
ele não está no direito, posso senti-lo.
Para o público:
Eu iria com o homem que eu amo.
Eu não calcularia o que isso me custa.
Eu não consideraria o que é mais sensato.
Eu não saberia se ele me ama.
Eu iria com o homem que eu amo. [46]

14

Para além de se dirigir directamente ao público e ocupar o papel de narrador, um actor de um teatro brechtiano fala por vezes na terceira pessoa, ou no passado, ou até pronuncia as direcções do palco. Isto justifica que os críticos acreditem que o actor épico "mostra" a personagem em vez de" a imitar". [47]

A tarefa do actor de criar um efeito de alienação é facilitada pela defesa de uma série de dispositivos e técnicas de ensaio, tais como a utilização da história e da fábula, que são consideradas as convenções e técnicas de distanciamento mais evidentes. Brecht manipula uma certa crise da história com a sua situação através de um tratamento especial a fim de a utilizar como cobertura para as formas de crises sociais e políticas contemporâneas. [48] Brecht acredita que o espectador pode planear o seu melhor futuro quando reconhece o passado e o presente simultaneamente. [49] A *Mãe Coragem e os seus filhos*, por exemplo, escrito como um aviso à Dinamarca para evitar a guerra (que realmente aconteceu após a conclusão da peça) com o seu vizinho, a Alemanha. Brecht passou a Primeira Guerra Mundial, que ainda estava fresca na mente das pessoas, e montou a peça em A Guerra dos Trinta Anos (1618-1648), que é considerada a guerra mais destrutiva da história alemã. Capturar um período histórico tão remoto é conseguir uma medida de desprendimento e parte de "um afastamento da propagandística directa de Piscator, e introduz a peça como uma peça didáctica que apresenta as ideias políticas marxistas do século XX". [50]

A Guerra dos Trinta Anos foi apresentada pelos historiadores como religiosa: o Norte Protestante liderado pelo rei Gustaveus Adolphus da Suécia e o Sul Católico liderado pelo Imperador Fernando I da Áustria. A única coisa que foi adoptada na *Madre Coragem* a partir dos acontecimentos históricos é a cronologia interna, "uma vez que a trama é fictícia e o nome de Coragem é retirado de um romance picaresco da época". [51] A peça não se concentra nos reis, líderes do Estado ou nos seus assuntos políticos, ao contrário de *Ricardo III* ou *Henrique V* de Shakespeare, uma vez que Brecht não está interessado nos líderes ou na forma como estes dirigem a sua guerra, mas sim na forma como a sua guerra afecta pessoas que se encontram no fundo da escala social. [52] A *Mãe Coragem de* Brecht, como afirma John M. Koroly, "oferece uma poderosa recordação de como a humanidade é desgastada pela guerra e do que se perde por aqueles que a 'sobrevivem'". [53]

> Sargento: ... Queres viver da guerra, mas mantém-te a ti e à tua família fora dela, eh? Como a guerra para o alimentar? Tem de lhe dar algo também.
>
> (Sc.1, p.107)

E mais uma vez:

> Mãe Coragem: Quem foi derrotado? Vejam, a vitória e a derrota não serão de modo algum as mesmas para os grandes do topo e para os de baixo. Pode ser que o lote de baixo encontre a derrota realmente paga-lhes.... Como regra geral, pode dizer-se que a vitória e a derrota são ambas caras para nós, o povo comum.
>
> (Sc.3, p.125)

Para além da função da história como dispositivo de criação do efeito de alienação, Brecht está firmemente convencido de que, através do uso da parábola, pode apresentar a verdade com elegância. [54] Na sua parábola, *A Boa Pessoa de Szechwan*; três deuses desceram do céu à procura dos sinais de bondade nos seres humanos. Encontram-nos numa prostituta sem um tostão, a pessoa mais alienada da nossa sociedade alienada. [55] Por este método de demonstração dramática, Brecht quer discutir o dilema moral de ser bom numa má soceidade. [56] Debate o problema de Shen Teh que se vende para viver, "o problema de ser virtuosa" num mundo saqueador. [57] Esta peça, como diz Liam Otten, "é uma parábola moderna provocadora sobre as tensões e alianças entre virtude e impiedade". [58] Nesta "peça de problemas" ou numa "peça de perguntas", Brecht procura uma resposta à sua pergunta sobre como o homem pode ser bom numa sociedade imunda. [59]

Brecht convida o público a assistir criticamente, e a tentar chegar a conclusões sobre o seu estatuto de sociedade contemporânea, para decidir quem é responsável pelo dilema de Shen Teh: a sociedade ou a sua natureza humana. Por outras palavras, Brecht chama a sua audiência para responder à pergunta de Shen Teh de forma objectiva e racional:

> Quando estendemos a nossa mão a um mendigo,
> ele   rasga-a por nós
> Quando ajudamos os perdidos, nós próprios
> estamos perdidos
> E assim
> Uma vez que não comer é morrer
> Quem pode recusar por muito tempo ser mau? [60]

Independentemente da forma como os críticos encaram o moralismo de Brecht[61], o público deve eventualmente concordar que "é impossível para uma boa pessoa sobreviver no mundo sem ser corrompida. Por conseguinte, o mundo deve ser mudado". [62] E o mundo mudou: já não é importante discutir o problema de como o homem pode continuar a viver, como em *A Boa Pessoa de Szechwan*, mas conquistar a terra tornou-se o "mandamento moral" mais importante, como em *Medo e Miséria do Terceiro Reich*. [63] Olhando para uma esfera moral a partir das perspectivas artísticas e filosóficas, pode-se descobrir que "vivemos numa época de iconoclastia, de esmagamento de ídolos e contínua destruição de velhos valores e normas morais". [64]

Para fazer face a esta mudança, Brecht adopta algumas das técnicas da Moralidade, ou seja, a alegoria, como na representação dos deuses em *A Boa Pessoa de Szechwan*. Ele procura tornar a Moralidade transparente para o seu público e ensinar-lhes lições de moral, embora não no sentido convencional: as suas peças têm sido descritas como Moralidades.

> Tão certo como qualquer coisa escrita na Idade
> Média para demonstrar o caminho da Salvação

17

ou para zombar do Maligno. Há em Brecht a mesma seriedade básica, a mesma necessidade de ser claro, popular, real (ou seja, essencial). Essas peças antigas dependiam muito da comédia - muitas vezes de um tipo primitivo; o mesmo acontece em Brecht, cuja sagacidade e humor robusto quase sempre assumem uma certa aspereza de camponeses. [65]

Agora podemos compreender porque é que o teatro épico de Brecht é "uma instituição moral", como afirma Politzer:

> [as] pessoas estão lá por uma questão de moralidade, em vez do contrário. Com isto por muito que seja... compreenderá pelo que eu disse até que ponto o teatro épico é de facto uma instituição moral. [66]

Além de ser uma "instituição moral", o teatro épico é também chamado "teatro lírico", um termo que reflecte outros aspectos do drama de Brecht. Apesar deste termo poder ser enganador, como diz Eric Bentley, o "lirismo" nas peças de Brecht é contado como "emanações do espírito em que toda a peça é composta". [67] Além disso, o lirismo é a área do teatro épico para a qual Piscator não deu uma contribuição particular; pertence antes ao talento poético único de Bertolt Brecht. [68] A canção de Brecht tem o seu próprio significado, além de ser um elemento que contribui para o efeito de alienação, particularmente quando as suas palavras contrastam com a música. [69] Como Styan acredita que na interpretação de uma peça de teatro brechtiana, "a música deve ser tocada contra a voz do actor, enquanto que o actor deve cantar contra a música". [70]

No drama brechtiano, as canções permitem que o público se reflicta, quebrando a continuidade da acção. A presença de tal quebra ou interrupção é geralmente declarada por certos meios teatrais e visuais, tais como o piscar do título da canção num ecrã, ou por uma luz especial, ou ainda pelo uso de

18

emblemas simbólicos como bandeiras e trombetas. [71] Em certas canções, os actores saem dos seus papéis e dirigem-se directamente ao público, como no prefácio do cozinheiro do exército maquiavélico a "The Song of Solomon"...."Senhoras e senhores, pessoal doméstico e outros residentes! Vamos agora dar-vos..." (Sc.9, p.168).Por esta mudança, o actor aliena-se de empatizar com ela. [72]

"The Song of Solomon" apresenta um resumo de toda a peça devido à sua natureza simbólica e esquemática. Contém um verso sobre cada um dos filhos de Courage sob as formas de homens famosos e em termos das suas virtudes (Eilif é César que foi corajoso e foi morto, Swiss Cheese é Sócrates que foi honesto e foi morto, e Kattrin é Saint Martin que foi gentil e morreu do frio) e Salomão é a própria coragem. Por outras palavras, esta canção transmite a mensagem de Brecht sobre o facto da era moderna que" a manipulação das virtudes não funcionou: "um homem está melhor sem" ". [73]

> Quão virtuosamente tínhamos começado!
> O mundo, no entanto, não esperou.
> Mas logo se observou o que se seguiu.
> Foi o medo de Deus que nos trouxe a esse
> estado.
> Que sorte o homem sem ninguém!
>
> (Sc.9, p.171)

Alguns dos versos líricos são colocados no início da cena a fim de dar um resumo para toda a cena como em *Medo e Miséria do Terceiro Reich*. Os seguintes versos líricos resumem os acontecimentos da cena dezanove, "O Velho Militante". Eles declaram os verdadeiros sofrimentos das pessoas sob o domínio do Terceiro Reich:

> Contemple vários milhões de eleitores.
> Cem por cento em todos os sectores
> Pediram para serem conduzidos pelo nariz.

19

Não receberam pão e manteiga verdadeiros
Não receberam casacos quentes ou forragens
Conseguiram o líder que escolheram.

(Sc.19, p.78)

Certas canções são utilizadas para interromper a acção a fim de comentar a situação,[74] como em "The Song of the Smoke" que comenta o sofrimento e a miséria das pessoas na província de Szechwan que é um símbolo de qualquer lugar onde a virtude humana é explorada:

O Avô:

> Uma vez acreditei que a inteligência me iria ajudar
> Eu era um optimista quando era mais novo
> Agora que estou velho, vejo que não me pagou:
> Como pode a inteligência competir com a fome?
> E assim eu disse: largue a arma!
> Como fumo cinzento torcido
> Para uma frieza cada vez mais fria, irá
> Explodir.

(Sc.1, p.201)

Por vezes, Brecht manipula a canção para comentar certas situações e dirigir-se ao público para aprender e obter sabedoria a partir desta canção. Por outras palavras, a canção não só desperta as faculdades críticas do público, como também lhes introduz directamente a lição. Como em "The Song of the Girl and the Soldier", cuja primeira parte é cantada por Eilif, enquanto a última parte que traz a lição moral de que "a penitência da bravura é a morte" é cantada por Courage como a voz da sabedoria.

> O telhado de telha congelou à luz da lua
> , pois tanto o soldado como o gelo se precipitaram até à sua desgraça.   E sabes o que lhe disseram os seus camaradas?   Ele apagou-se como uma luz.   E   a   luz   do   sol   voou
> , pois a sua coragem apenas os fez sentir-se mais frios.
> Oh, não desprezeis os conselhos dos sábios!

20

Foi o que a rapariga disse ao soldado.

(Sc.2, p.114)

Algumas das canções são utilizadas para interromper a continuidade da acção, quer para contar ao público o passado do cantor (pré-história da peça), como na "Canção da Fraternização" de Yvette:

Quando eu tinha apenas dezasseis anos
O inimigo veio para a nossa terra.
Ele pôs de lado o seu sabre
E com um sorriso ele pegou-me na mão.
Após o desfile de Maio
A luz de Maio começa a desvanecer-se.
O regimento vestido pela direita
Os tambores foram batidos, esse é o exercício.
O inimigo levou-nos para trás da colina
E confraternizou toda a noite.

(Sc.3, p.117)

ou para comentar duramente a personagem e criticar o seu comportamento,[76] como na "Canção do Oitavo Elefante". Esta canção critica o comportamento de Young Sun em *The Good Person of Szechwan* que trata os outros trabalhadores com dureza, apenas lhes dá ordens e desempenha o papel de espião contra eles a fim de ganhar o favor do Sr. Shui Ta, o gerente da fábrica:

Refrão dos trabalhadores:

Sete elefantes cansaram-se do seu trabalho
De empurrar e escavar e de derrubar.
O Major estava aborrecido com sete que empregava
Mas recompensou a oitava por contar.
O que se passa agora?
O Major Chung é proprietário de uma madeira
Veja se está livre antes desta noite.
Isso são ordens. Entendido?

(Sc.8, p.269)

O título desta canção, "Canções do Oitavo Elefante" atrai a atenção para o uso brechtiano de imagens bestiais, com as quais Brecht carrega as suas linhas que encontram "um fim adequado" num mundo sórdido. [77] As imagens bestiais são usadas como sinal para alimentação, sexo e evacuação, mas a sua principal utilização é um dispositivo de alienação que apresenta "personagens [como] alienadas de si próprias e umas das outras" de Brechti. [78] Este é o estado real do homem moderno que já não é o centro do universo ou inerentemente dignificado. "Ele existe sem sentido no 'cosmos' que é estranho às suas necessidades mais profundas"[79] Além disso, a sua figura parece derivar impotente num mundo enorme que está para além da sua compreensão e controlo ou para se agitar num vácuo. O homem na peça de Brecht, nem sempre, como diz Heinz Politzer, "é mostrado como 'um animal com um odor peculiar', as suas palavras contradizem os seus sentimentos, os seus actos contradizem as suas palavras"[80]. Por outras palavras, o efeito de alienação de Brecht transferiu-se para a esfera humana,[81] como no seguinte exemplo da *Mãe Coragem e dos Seus Filhos*:

Mãe Coragem: ...Pode vir a ser o melhor, sabe. Somos
prisioneiros, mas o mesmo acontece com as
pulgas no cão.
(Sc.3, p.125)

Numa outra peça, *Medo e miséria do Terceiro Reich* Brecht adopta as características ou o comportamento de certas bestas para comentar a relação pessoa-autoridade. Ele reflecte o comportamento de Hitler e dos seus homens numa imagem sorrateira. O malvado vem subitamente capturar o humilde e pobre povo alemão sempre que proferem uma única palavra contra a política de Hitler:

22

Bruhl: Ha! 'Como os teus irmãos devem ser / Ou vais virar-te e dar-me cabo do canastro' - é isso? Frente unida, de facto. Macaco de gato suavemente: ter-te-ia servido gentilmente para afastar todos os nossos membros, não teria sido?

Lohmann: Quando se prefere que Hitler os afaste à socapa, como agora. Seus traidores!

(Sc.4, p.24)

Por outro lado, a imagem bestial é manipulada para reflectir a realidade do mundo moderno que já não é humano, uma vez que os seus membros perdem a sua humanidade e se tornam animais, mostrando apenas inimizade e crueldade:

Sol: Deus, como eu odeio Szechwan! Que cidade! Percebes como todos eles são quando eu fecho os olhos pela metade? Como os cavalos. Olham para cima nervosos: Que trovoada é aquela sobre as suas cabeças? O quê, as pessoas já não vão precisar deles? Será que sobreviveram ao seu tempo? Eles podem morder-se uns aos outros até à morte na sua cidade a cavalo! Tudo o que eu quero é sair daqui!

(Sc.6, p.246)

A crueldade é um dos temas centrais do drama de Brecht que tem um apelo internacional ainda mais forte do que a influência técnica, devido à sua relação com o conflito de um mundo dividido. À medida que se torna um tema central no drama de Brecht, a crueldade torna-se uma regra na Alemanha. Esta crueldade força por vezes o homem a ser desumanizado e desumanizado. [82] Brecht tenta apresentar a crueldade como algo real, e não como algo estagnado. [83] Com a ajuda de dispositivos de alienação, ele levanta uma questão sobre a acção resultante, a que tipo de crueldade pertence: crueldade do destino, ou da sociedade, ou do próprio homem. Simplesmente, ao tipo de crueldade a que

23

pertence, é apenas uma medida à mudança de humanidade no ser humano, como diz Eric Bentley:

> Numa peça após a outra, Brecht viu a humanidade na natureza humana inundada pela desumanidade, pela crueldade daquilo que pensava inicialmente como o universo e mais tarde como a sociedade capitalista. O final padrão da peça de Brecht é a vitória total desta crueldade. [84]

A crueldade no mundo brechtiano é 'vitoriosa': força o homem a mudar o seu próprio padrão emocional, e a suprimir a sua própria bondade para enfrentar a crueldade do mundo circundante, como em *A Boa Pessoa de Szechwan*. A bondosa Shen Teh transforma-se no duro e impiedoso primo Shui Ta, para afastar o parasita. A bondade de Shen Teh, sob a pressão da crueldade, transforma-se no seu oposto. "Só sob a máscara da crueldade e da ganância é que a boa mulher de Szechwan poderia alguma vez esperar prover para si e para o seu filho por nascer, pois o bem não pode viver no nosso mundo e permanecer bom"[85.]

Szechwan, como a Índia de Brecht, Chicago, e Yalcon, é uma imagem de uma cidade capitalista moderna cuja heroína se está a dividir em Shen Teh e Shui Ta é "uma metáfora teatral da auto-divisão inerente a uma sociedade" que torna o bem impossível de sobreviver. [86] O dispositivo dialéctico de auto-divisão ou de carácter dividido que é criado a partir da acção dramática Brechtiana é construído sobre "a ideia de representar papéis alternativos", e é gradualmente desenvolvido até se tornar uma acção. [87] A transformação de Shen Teh em Shui Ta é criada a partir de uma ideia proferida por The Woman e depois desenvolvida numa acção que se integra profundamente com a forma dramática. De facto, para além desta complexidade genuína, Brecht tenta reflectir a natureza das "ligações e contradições entre a bondade individual e a acção social". [88]

Shen Teh: Sim, sou eu. Shui Ta e Shen Teh,
    Eu sou os dois.
    A sua encomenda original
    para ser bom enquanto ainda sobreviver
    dividiu-me como um relâmpago em duas pessoas. I
    não pode dizer o que ocorreu: bondade para com os outros
    e para mim não foi possível alcançar ambos.
    Para servir tanto a si próprio como aos outros, achei demasiado
difícil.

(Sc.10, p.287)

Embora a visão complexa que se encontra na *Madre Coragem e seus filhos* e em *A Boa Pessoa de Szechwan, bem* como noutras peças, leve o público de volta ao teatro Elizabetano onde esta técnica foi utilizada primeiro; [89] no entanto, nem a Madre Coragem nem Shen Teh dão um desenho sobre-humano ou atingem o nível de martírio. Não se sacrificam pelos outros nem suportam o sofrimento para enobrecer as suas almas. [90] De facto, Brecht, tal como outros dramaturgos modernos, não "partilha o sentido sócio-esofocês ou shakespeariano da plenitude da vida humana ou da importância e nobreza do homem". [91] Na verdade, a sua rejeição do desígnio sobre-humano ou do desígnio de herói elizabetano é uma rejeição do sacrifício como emoção dramática, uma vez que pode opor-se à sua tentativa de criar um desprendimento entre a audiência e o personagem central. [92] Curiosamente, o teatro épico brechtiano é chamado "teatro negativo" devido à falta de heróis positivos e à sua intenção de suscitar "indignação no público, insatisfação, [e] uma realização de contradições" no ser humano. [93]

No que diz respeito às contradições encontradas dentro do carácter de Brecht, "o carácter dividido" e a ambivalência de atitudes no seu estilo de actuação são por vezes atribuídas à "dualidade" de uma personalidade profundamente dividida dentro de si própria". [94] Por outras palavras, a complexidade, a dualidade, ou o carácter dividido de Shen Teh e da Mãe

Coragem são considerados como tendo estado relacionados com o conflito de Brecht entre a razão e o instinto. [95]

Shen Teh sofre de tal conflito, e finalmente segue a sua voz racional que tem de trabalhar arduamente e salvar o futuro do seu filho por nascer:

> Shen Teh: Amar a minha amada ou
> para salvar o meu jovem filho
> de passar sem.
>
> (Sc.10, p.288)

Enquanto que a natureza ambivalente da Mãe Coragem se reflecte na sua atitude perante a guerra: no final da guerra, quando ela não conseguiu beneficiar da condição de guerra, ela embarca nos infortúnios da guerra:

> Mãe Coragem: Aquilo a que chamo um momento histórico é baterem na minha filha por cima do olho. Ela já está meio destruída, não vai ter marido agora, e ela é tão louca por crianças; qualquer estrada que ela só é burra de guerra, soldado enfiou algo na sua boca quando ela era pequena. Quanto ao Swiss Cheese, nunca mais o verei, e onde Eilif é que só Deus sabe. A guerra seja amaldiçoada.
>
> (Sc.6, p.153)

enquanto mais tarde, na abertura da cena seguinte, a Mãe Coragem muda a sua própria visão dizendo que "ela está a ir bem e que as coisas estão a correr bem com a guerra e os seus negócios": [96]

> Mãe Coragem: Não quero que vocês estraguem a minha guerra por mim. Dizem-me que mata os fracos, mas eles também são anulados em tempo de paz.
>
> (Sc.7, p.153)

Dramaticamente, a apresentação destes dois pontos de vista contraditórios é algo relacionado com o estilo de actuação de Brecht que é desenvolvido para colocar o público contra ver qualquer coisa de positivo, e para os destacar de qualquer tipo de identificação com a personagem. Caracteristicamente, a realização da contradição é uma preocupação do teatro épico negativo de Brecht e um dispositivo de criar um efeito de alienação.

O emprego do efeito de alienação e o comportamento do actor são mais facilmente alcançados através da ajuda de certos dispositivos anti-ilusionistas. Brecht permite que a mecânica do teatro seja visível. Ele insiste que a fonte de luz deve ser mostrada tal como na arena desportiva, e diz" ninguém esperaria que as luzes do desporto por cima de um ringue de boxe fossem escondidas, por que razão deveriam, portanto, ser escondidas no teatro?". [97] Além disso, ele coloca os músicos no palco uma vez que pensa que tais dispositivos impedem a produção de "embalar" o espectador num sentimento de segurança e intemporalidade, e envolve o julgamento do espectador em tal afastamento que leva a induzir a sua consciência social. [98]

Entre o número de dispositivos anti-ilusionistas que Brecht coloca ao serviço para manter o público nos seus "dedos dos pés" (metafóricos) estão o uso de quadros, serpentinas, e o reflexo dos títulos das cenas nos ecrãs ou impressos na cortina. [99] A meia cortina alta de Brecht não é uma cortina normal que é usada para dividir as cenas, ao invés, não passa de uma folha suja desenhada sobre um cordel ao longo do palco, usada para reflectir os títulos das cenas e os seus resumos. Por outras palavras, Brecht abandona a teoria da "quarta parede" cuja falta está misturada com outros dispositivos técnicos para transformar o palco brechtiano numa sala de conferências. [100]

O novo dispositivo que se junta aos anti-ilusionistas e os apoia no seu trabalho de manter a distância e apresentar a verdade objectivamente é o "Gest" que cobre os elementos visuais e auditivos. "Gest" é o termo que não se refere apenas ao "gesto" mas também abrange as atitudes básicas dos seres humanos em toda a sua gama de sinais exteriores de relação social, incluindo "comportamento, entoação, postura corporal, movimento, e expressões faciais". [101] Brecht utiliza o gesto "para indicar a incorporação de um determinado elemento gestual da fala ou postura num complexo de relações e processos sociais". [102] Por outras palavras, o gesto é a ideia chave que revela o "contexto social" como decisivo para a percepção da acção da peça, uma vez que permite ao público tirar conclusões sobre o indivíduo e o social. [103]

O gesto que é considerado a essência do teatro de Brecht, uma vez que reflecte as emoções e ideias da personagem como parte de um grande contexto de "situação social específica", está dividido em três partes: gestos, palavras e acções. [104] Brecht baseia-se fortemente no gesto. Num artigo escrito para o número especial do *World Theatre*, Brecht declara que "toda a emoção deve tornar-se visível e desenvolver-se em gesto". [105] Assim, as emoções ou ideias interiores são reflectidas por certos gestos, é isto que Sarah Merchant quer dizer ao dizer que "no teatro Brechtiano os actores [trabalham] sobre a fisicalidade dos seus papéis". [106] Em *The Good Person of Szechwan*, Shen Teh muda o seu movimento e tom quando se transforma no seu primo cruel. [107] O movimento do locutor na Cena Treze em *Medo e Miséria do Terceiro Reich* reflecte o seu horror e ao mesmo tempo a verdade do sofrimento do povo sob o regime de Hitler:

> O anunciante: As coisas nem sempre foram assim. Por baixo disso
> república velha e podre muitos camaradas tiveram de
> cansado do seu caminho para o bem-estar público e
> viver de caridade.
> O trabalhador: 18 marcos 50. Sem deduções.
> O anunciante *com um riso forçado*: Ha. Ha. Uma piada capital!
> Não havia muito a deduzir, não havia?
> O trabalhador: Não. Hoje em dia deduzem mais.
> *O cavalheiro do escritório avança*
> *Inquieta, tal como o homem de uniforme de S A.*
>
> (Sc.13, p.68)

Na verdade, Brecht manipula os gestos de forma distinta. Em *Mother Courage and Her Children*, Brecht obriga o seu público a pensar na "relação entre as ideias [da peça] de identidade e moral maternas e a sociedade que lhes dá forma e significado", introduzindo o gesto simples na cena final que mostra a Coragem a pagar dinheiro aos camponeses para enterrar Kathrin:[108]

Mãe Coragem: Aqui está o dinheiro para despesas.
Ela conta as moedas para o campesinato
      mãos. O camponês e o seu filho tremem
      mãos com ela e levar Kathrin para longe.
          (Sc.12, p.181)

Caracteristicamente, no teatro de Brecht, a "resposta" do público à personagem é sempre "mimética" antes de poder ser "empática". [109] Tais gestos corporais são acompanhados por palavras que introduzem uma linguagem citativa e memorável que distingue a obra de Brecht. As suas peças são escritas em verso e prosa (mesmo as passagens em prosa foram elevadas à categoria de verso) e ele também mistura a gíria com o padrão. [110]

Embora a linguagem de Brecht deriva o seu vigor e força do discurso terreno, no entanto a sua base principal e firme é a Bíblia e o próprio Brecht declara que domina "o uso de construções bíblicas: a justaposição de meias frases construídas, paralelismo, repetição, e inversão"[111]: "O Capelão": Estamos todos nas mãos de Deus"111. (Sc.3, p.124) Além disso, ele também usa ironicamente algumas imagens bíblicas para impor a sua mensagem. Ao descrever o mundo não como um vale de alegria, Brecht quer recordar ao seu público o uso irónico das imagens bíblicas da vida como "um vale de lágrimas":

Mãe Coragem: Tentando fugir da sua mãe, a
      demónios para a guerra como bezerros para
   lamber o sal. Mas

Estou a fazer-te tirar à sorte, e isso vai mostrar
você o mundo não é um vale de alegrias com 'venha
junto, filho, precisamos de mais alguns generais".
(Sc.1, p.104)

Para além da força e intensidade da linguagem bíblica, Brecht utiliza também os dispositivos tradicionais da retórica: provérbios, adágio popular e provérbios. A intenção por detrás do emprego destes dispositivos retóricos, e particularmente dos provérbios, como revela Gisela Debiel, é o seu apelo à sabedoria popular: alcança o desejo de Brecht de criar "novos significados, transformando os antigos". [112]

Barbara Allen Woods concorda com G. Debiel que "Brecht não aceita [preceitos de senso comum encarnados em provérbios] como padrões ideais", ao invés, a sua prática é 'puramente negativa'. [113] Das discussões de Debiel e Woods, pode-se concluir que Brecht se preocupa com o que a sua linguagem alcança e não com o que parece; o seu foco principal é a sociedade e não apenas a linguagem.

Eilif: Riu-se. Por isso, começámos a falar. Coloquei-o num negócio
desde o início, disse-lhes "Vinte florins a
a cabeça é demais. Dou-lhe quinze". Como se eu fosse
que significa pagar. Isso atirou-os, e eles começaram
coçando-lhes a cabeça. Num instante eu tinha apanhado o meu
espada e estava a cortá-los em pedaços. Necessidades
a mãe da invenção, eh, senhor? [114]
(Sc.2, p.111)

Como a sociedade é o seu principal foco, Brecht varia a forma de produzir linguagem, seja ela bíblica, tradicional, ou mesmo científica115. Por outras palavras, uma declaração pode ser misturada com a leveza do humor ou pronunciada ironicamente, a fim de criar a distância e despertar a faculdade crítica do público. Isto reflecte-se no "Cântico da Grande Capitulação" da Mãe

30

Coragem, quando ela ironicamente cita os adágios populares "Onde há vontade, há maneira" (Sc.4, p.141).Este discurso é dirigido aos espectadores, para lhes perguntar se têm realmente vontade que lhes permita desafiar a filosofia capitalista e as regras da autoridade política, ou são como a Mãe Coragem que não tem nenhuma. Curiosamente, Angela Curran prevê que o objectivo de Brecht seja o de conseguir

> [o] espectador a desafiar a sua própria aceitação da "capitulação" como estratégia de sobrevivência, e a considerar quais são as outras opções sem as explicitar. A percepção de Brecht foi reconhecer que um drama eficaz nunca pode instruir forçando conclusões específicas sobre o telespectador. Mas Brecht traz uma perspectiva diferente para o espectador-espectador-espectador crítico do que a dos estudos culturais.... Brecht reconhece que a visão crítica é algo que os dramaturgos podem encorajar ou permitir através da utilização de técnicas que desafiam o espectador a repensar os pressupostos básicos que ela ou ele utiliza para dar sentido ao drama. [116]

Significativamente, a estrutura dramática das peças de Brecht é episódica para dar ao público uma oportunidade de introduzir o seu próprio julgamento. Brecht não adopta o desenvolvimento linear para os acontecimentos que faz a história aparecer como se fosse "um rio e deixa-se levar vagamente para cá e para lá". [117] Pelo contrário, a acção de Brecht desenvolve-se em curvas e cada episódio (ou cena) representa-se a si próprio, e é isto que permite ao dramaturgo reflectir mais do que um enredo. [118] Além disso, Brecht por vezes varia na duração dos episódios, como em *The Good Person of Szechwan* e *Mother Courage and Her Children,* quando alterna cenas curtas e longas. Ele introduz o curto para "dividir" e para "comentar" a acção, enquanto as cenas longas são dedicadas ao grande enredo que se concentra no conflito entre o bem e o mal. [119] Por vezes, como em *Medo e Miséria do Terceiro Reich,* cada episódio tem uma história diferente e personagens diferentes; a estrutura reflecte o passar do tempo e não a simultaneidade (excepto "O Bombardeamento de Alemeria" que é historicamente datado). Por outras palavras, os episódios da peça estão agrupados em grupos temáticos. [120]

Ao introduzir uma estrutura especial e ao adoptar várias técnicas que têm forças visuais especiais, por vezes exageradas, Brecht estimula o público a rasgar o véu e a ter consciência disso:

> Começa a ser perigoso perder um minuto de vida. Começa a ser um crime moral para sustentar uma ilusão. Sim, começa a ser moralmente criminoso apenas para deixar subsistir uma ilusão tradicional sem a deitar abaixo. [121]

Brecht acredita que "o exagero é importante para se atingir este objectivo sem parecer demasiado realista". Tal como na *Mãe Coragem e seus filhos,* ele deixa a Coragem atravessar terra durante anos com carroça. [122] "De facto, todas as artes teatrais trabalhariam nas suas diferentes formas de contar a história, mas relacionar-se-iam umas com as outras numa 'alienação mútua'". [123]

O outro ponto que tem estado relacionado com a estrutura dramática da peça e que também serve na realização da "alienação estrutural" que torna o público vivo para vários pontos de vista ao mesmo tempo, é o "fim em aberto". Uma peça épica não tem "uma catástrofe" como a do drama aristotélico, uma vez que é mais racional do que empática. Além disso, o espectador de teatro épico não está ansioso por conhecer o final da peça, uma vez que o seu suspense foi quebrado pelo título e pelo sumo da cena. [124] Embora o "final aberto" seja uma característica distintiva das peças épicas, contudo "teatro aberto, que é um termo alternativo para teatro épico, não tem sido relacionado com este ponto, mas sim com uma apresentação "aberta" dos acontecimentos. [125]

Alguns críticos como Styan enfatizam o significado do final aberto no sentido de que serve a consequência lógica da teoria estética de Brecht que pretende ser uma "decisão de extorsão" da audiência. "Uma excelente forma de o fazer é forçá-los a responder 'Sim' ou 'Não'".[126] Por vezes, Brecht liga o fim da peça com o seu início, como na *Mãe Coragem* que começa e termina com a mesma canção e acção também, a fim de reflectir a continuidade da acção, e forçar o público a repensar a resposta adequada. Esta regra foi alterada em *Medo e Miséria do Terceiro Reich* e a resposta, "Não" foi dita numa das línguas da sua personagem:

A Mulher: A nossa tarefa é muito difícil, mas é a maior que
existe - libertar a raça humana dos seus opressores.
Até que isso tenha feito a vida não tem outro valor.
Deixemos isso fora   das nossas vistas e toda
a raça humana recairá   na barbárie. Ainda é
bastante jovem, mas não lhe fará   mal
lembrar-se sempre de que lado está.   Fique
com a sua própria classe, então o seu pai não terá
sofrido o seu infeliz destino em vão, porque não é fácil.
Cuide da sua mãe, dos seus irmãos e irmãs também,
você é o mais velho. É melhor ser esperto. Saudações a
todos vós
O seu pai amoroso.
O Trabalhador Mais Antigo: Não somos assim tão poucos, afinal, todos.
O trabalhador mais jovem: O que há a dizer no folheto do referendo,
então?
A Mulher *a pensar*: A melhor coisa seria apenas uma palavra: Não!
(Sc.24, p.94)

O 'Sim' ou 'Não' não é uma resposta suficiente ao drama do pós-guerra brechtiano que tratou das "questões de culpa em relação a questões sociais e políticas de maior dimensão". [127] Brecht em *A Boa Pessoa de Szechwan* não quer que digamos se Shen Teh é culpada ou não, mas que pensemos nas razões que estão por detrás do nosso julgamento, se dizemos que ela é culpada ou não, ou pensemos por que razão os deuses a vêem como uma boa mulher, não culpada:

Shen Teh: Mas não compreendeis que eu sou o ímpio

pessoa cujos muitos crimes já ouviu des...
chorado?
O Primeiro Deus: A boa pessoa, da qual ninguém fala...
coisa mas boa!
Shen Teh: Não, a pessoa malvada também!
O Primeiro Deus: Um mal-entendido! Alguns infelizes incidentes.
Um ou dois vizinhos de coração duro! Um ou dois pequenos
muito zelo!

(Sc.10, p.288)

Brecht dirige a consciência do público para compreender a relação entre o indivíduo e a moralidade social, e para perceber o facto de que o sofrimento humano, na era científica moderna, se torna "uma velha anedota doentia". [128] Ele tenta diagnosticar as armadilhas da nossa sociedade, razão pela qual a maioria dos seus personagens são nomeados pelos seus desígnios sociais (por exemplo: deus, o patrão, carpinteiro, sargento, cozinheiro, soldado... etc.), e tocar nos problemas universais do seu "teatro didáctico". [129]

O didactismo, como é mencionado, é um núcleo do objectivo de Brecht no seu teatro. [130] Curiosamente, Esslin diz que na maioria das peças de Brecht, "o elemento didáctico torna-se um fim em si mesmo"; encontra-se em tudo no palco, no homem, na acção, no conflito, mesmo nas relações entre as personagens. Encontra-se em tudo, na medida em que não pode ser isolado delas. [131] Na verdade, a manipulação dos elementos didácticos e a visão de Brecht das tendências racionais estão relacionadas com a sua própria concepção do papel educativo da arte:

Baseia-se na convicção de que uma revolução socialista implica a activação intelectual das massas, nunca poderia chegar a acordo com a teoria educacional dos vulgaristas, que nunca consideraram o povo como parceiros intelectuais dignos. [132]

Por vezes, Brecht emprega o seu elemento didáctico de uma forma científica. Um dos seus actores assume o papel de instrutor que tenta explicar

34

certos assuntos ao seu aluno como em "Doença Ocupacional" em *Medo e Miséria do Terceiro Reich*. Esta cena reflecte como o médico tem de procurar as verdadeiras causas mais profundas do estado médico do paciente e não "degenerar" precipitadamente. De facto, por esta cena, que tem certas afinidades com o início da vida de Brecht, Brecht quer mostrar a importância das condições sociais (que afectam a saúde do homem e não apenas a sua entidade moral), enquanto que a outra dimensão desta cena é que Brecht está consciente da diversidade do seu público e tenta introduzir o que se adequa aos seus vários níveis intelectuais.

> O Cirurgião: Há três coisas que um bom médico tem de ser
>   capaz de fazer. O que são eles?
> --
> O Terceiro Assistente: As condições sociais, senhor
>   O Cirurgião: A grande coisa é nunca ter vergonha de olhar para
>   a vida privada do paciente - muitas vezes,
> lamentavelmente, um depr...
>   ssing one. Se alguém for for forçado a seguir alguns
>   ocupação que, a longo prazo, está obrigada a destruir
>   o seu corpo, para que morra de facto para evitar morrer à
> fome
>   até à morte, não se gosta muito de ouvir falar sobre isso e
>   consequentemente, não pergunta.
>   (Sc.7, p.43)

Parte do didactismo de Brecht consiste em mostrar como a condição social do homem e a sua vida é determinada pela autoridade política. As pessoas na Alemanha sofrem muito com a política de Hitler. Este homem, que afecta toda a nação, não se preocupa senão em conquistar o mundo e em ouvir "Heil Hitler" onde quer que vá. Além disso, ele pensa que tudo o que tem sido necessário é arma, e esquece que a arma alimenta a guerra, mas não a fome.

> Um Petit-Bourgeois: Sem manteiga de novo hoje, o quê?
>   A Mulher: Será tudo o que posso pagar com o meu velhote,

de qualquer forma.
Um Jovem Companheiro: Pare de resmungar, está bem? A Alemanha precisa
armas, não manteiga, não há dúvida disso.
Ele soletrou-o.

(Sc.19, p.78)

Uma vez que a guerra é um princípio fundamental na política de Hitler, é também um tema central nas peças de Brecht. Em *Mother Courage and Her children* whose narrative covers more than a decade during the Thirty Years' War of the Seventieth century, Brecht reflecte a guerra no contexto do capitalismo. Ele faz toda a peça e os seus acontecimentos revelados através da aventura de uma mulher de negócios, que envolve os seus filhos com ela no negócio da guerra e as suas viagens de um lugar para outro. Brecht faz com que toda a peça se concentre nos personagens do título, a fim de reflectir a imagem da sociedade moderna que "está estruturada em torno de um sistema de lucro privado e ganho individual". [133]

Na realidade, a *Mãe Coragem* mostra como a guerra afecta as relações familiares e obriga-as a seguir os princípios capitalistas. Perdem os seus termos humanos e tornam-se um veículo de ganhar dinheiro. [134] Este estado reflecte-se no regateio excessivo da Coragem sobre o resgate do queijo suíço:

Mãe Coragem *em desespero*: Não posso pagar isso. Há trinta anos que estou a   trabalhar. Ela já tem vinte e cinco anos, e não tem hus-   band. Também a tenho em mente. Não me pressiones, eu sei o que estou a fazer. Diga cento e vinte, ou está fora.

(Sc.3, p.135)

A guerra é também escolhida para ser o tema central do *Medo e Miséria do Terceiro Reich*, mas agora é examinada no contexto do marxismo e mostra directamente a sua relação com a autoridade política. Esta peça que abre com o primeiro dia do regime de Hitler e termina com o "plebiscito" em Março de

36

1938, reflecte a traição e brutalidade dos nazis e o impacto da sua política de guerra sobre as profissões, a vida doméstica da classe média, a vida da classe trabalhadora, e as classes médias baixas (pequenas burguesias). [135] Nesta peça, a guerra é vista por Brecht "como uma apresentação informativa, factual e satírica da carreira de Hitler"[136], uma vez que mostra que, devido à guerra, o seu povo não pode ganhar a vida e sofre de uma pobreza dura que o leva ao seu fim fatal:

O Homem Moribundo: São um lote de vigarice. Não posso comprar
      um motor para o meu barco. Os seus aviões têm
      motores. Para a guerra, para matar. E quando
      é tempestuoso como este, não posso trazê-la
      porque   não tenho motor. Aqueles
      vigaristas! A guerra é o que   *Afunda-*
se de novo exausto.
(Sc.20, p.84)

Ao reflectir os efeitos da guerra, Brecht transforma a argumentação política no seu próprio tipo de realidade dramática, a fim de mostrar que o sistema político é a principal causa de sofrimento e encontrar uma esperança na luta contra ele. [137] Como defensor do marxismo, Hitler declara que quer alcançar uma igualdade entre o seu povo a fim de remover as barreiras de classe e matar a pobreza:

O Líder do Grupo: Ombro a ombro e sem barreiras de classe;
      é a sua maneira de ser. O Führer não quer que se
      façam distinções   nos seus campos
      de trabalho. Não importa quem é o seu
      pai. Continua!
(Sc.12, p.66)

De facto, Hitler aumenta o sofrimento do seu povo e remove apenas as barreiras que se colocavam à frente da realização dos seus próprios desejos, mesmo que sejam barreiras da alma humana. Hitler tenta provar o seu "Hitlerismo" como um grande fenómeno, e alcançar a vitória na sua guerra que é construída sobre o seu próprio sentido de militarismo e falso nacionalismo. O seu povo está perdido dentro da guerra interior entre instinto e razão e dentro da guerra exterior que está entre o mal e o bem, forte e fraco, no seu desafio de sobreviver neste mundo que é um lugar de desconcertante complexidade ou confusão. Tipicamente, o teatro de Brecht, também chamado "teatro da acção social", Brecht é um drama de problemas sociais no seu sentido alusivo; introduz uma imagem precisa da vida do alemão. [138]

O que acrescenta mais ao sofrimento dos alemães é ser tratados injustamente e considerados inferiores aos outros nas suas próprias terras. Sob o regime de Hitler, um alemão é inferior a um judeu que se comporta de forma superior em todo o mundo. Em "Processo Judicial" em *Medo e Miséria do Terceiro Reich*, Brecht mostra a extensão da injustiça onde o juiz é incapaz de decidir o caso entre um homem empregado e um judeu. Embora o judeu seja culpado, o juiz não pode dizer nada contra ele, já que será a última palavra pronunciada na sua vida:

O Juiz: Vejo-o simplesmente como um simples caso de provocação judaica,
          é tudo.
O Procurador: Oh, parvoíce, Goll! Não imaginem que as nossas acusações
          podem ser arquivadas de forma tão ligeira só porque
          parecem   um pouco mal expressas nos
          dias de hoje. Eu poderia ter adivinhado   -
          e contentar-me-ia alegremente com a mais óbvia
          interpretação -   da acusação. É melhor
          não fazer disto uma mama. Não demora
          muito tempo a ser transferido para o sertão silesiano. E
          não é lá muito acolhedor nos dias de hoje.
O Juiz *intrigado, deixa de comer a sua maçã*: Não compreendo isso nem
          um   bocadinho. Está a dizer-me seriamente
          que propõe deixar o judeu Aradt em liberdade?

38

O Procurador de *forma expansiva*: Pode apostar que sim. O seguinte não
tinha ideia de   provocar ninguém. Está a
sugerir que por   ser judeu, não pode
esperar justiça nos tribunais do   Terceiro
Reich? É uma opinião muito estranha que estás a
desabafar aí, Goll.

(Sc.6, p.32)

A franqueza da peça reflecte o falso patriotismo de Hitler que mata o
verdadeiro sentido patriótico no seio do povo alemão. Esta peça que traz tudo
à superfície é considerada uma sátira política da carreira de Hitler. [139] Pela
adaptação de uma forma satírica e de um tom dogmático, Brecht quer atrair a
consciência do público para a afinidade entre as instituições religiosas e
judiciais que têm um papel em tal crime. [140]

O didactismo de Brecht é construído para mostrar as atitudes políticas que
controlam a sua geração e para ajudar o público a encontrar uma resposta para
a questão da culpa dentro do contexto político. Ele quer mostrar o significado
da política na vida das pessoas; por conseguinte, aumenta o valor do seu teatro
como "educação política". [141] Brecht, como diz Dave Riley, "cria realmente um
novo teatro orientado para a promessa revolucionária do seu tempo". [142] De
facto, o teatro político de Brecht e o seu objectivo de colocar a arte ao serviço
da política foram estabelecidos sobre o conceito de relação arte-política de
Piscator:

A arte e a política [são] duas estradas separadas que
decorreram em paralelo ao longo do tempo, de facto, até
ao ano de 1919. Os meus sentimentos [mudaram], é claro.
A arte, por si só, já não me podia satisfazer. Por outro
lado, não consegui ver nenhum ponto de encontro para
estes dois caminhos, nos quais surgiria um novo conceito
de arte, activista, combativo, político. A mudança nos
meus sentimentos [tem] ainda de ser englobada por uma
nova teoria que formularia claramente tudo o que agora

[percebo] de forma pouco clara. Para mim, a Revolução [produz] essa nova teoria. [143]

Na verdade, o teatro Brecht não se concentra em assuntos políticos, dogmáticos e didácticos e negligencia a velha tarefa do teatro de dar prazer. Ele apenas rejeita a velha ideia de prazer ou entretenimento alcançada através da catarse emocional. O novo prazer é obtido através da descoberta da nova verdade. "Nesta era científica, Brecht [quer] que o seu público experimente alguma da exaltação sentida pelo cientista que descobriu um dos mistérios do universo"[144] Por outras palavras, Brecht exige um tipo especial de público; aqueles que são públicos "rápidos", aqueles que sabem como observar e como obter prazer da aplicação da razão ao trabalho. [145]

Independentemente do objectivo que Brecht pretende transmitir, este não pode ser óbvio ou encontrado à superfície. Lisa C. Hansson acredita que quando

> Algo parece a coisa mais óbvia do mundo; significa que qualquer tentativa de compreender o mundo foi abandonada. Como é que Brecht tenta assegurar que o óbvio está ausente desta peça? [146]

Hansson, no entanto, escolhe a *Mãe Coragem* para análise, especialmente o Capelão. Naturalmente, as audiências esperam que o Capelão "condene a guerra e a desaproveça completamente", mas ele diz isso: "a guerra satisfaz todas as exigências, inclusive as pacíficas, para as quais eles estão entrados, e se não o estivessem, a guerra simplesmente efervesceria"[147] Isto mostra o Capelão como frio e 'formado'. Mais tarde, no campo de batalha, ele ajuda os feridos e reflecte aquela "parte de si mesmo que é em si mesma uma vítima". Na verdade, o que Brecht quer transmitir ao seu público, o que não é óbvio no comportamento desta personagem, é que "a vontade de mudar as atitudes das pessoas". [148 A] este respeito, Bjorneboe diz detalhadamente:

Deve ser óbvio que uma vida a vaguear sobre o gelo fino, com plena consciência da água negra por baixo, acaba por marcar o seu homem. A caminhada torna-se não só extenuante, mas também muito má para os nervos. Temos - na medida em que temos consciência - clareza total sobre o facto de que a morte está mesmo debaixo da sola dos nossos pés. A nossa ignorância é sem limites. Não sabemos quem somos. Não sabemos nada sobre a escuridão, sabemos que vivemos numa época que, em grau inaudito, deu livre curso à brutalidade humana e à bestialidade, não sabemos porquê, sabemos apenas que *somos*. Convenções, tradições e a nossa propensão para ignorar a verdade têm estado entre as circunstâncias que nos trouxeram à beira da catástrofe. [149]

Em resumo, o palco do teatro épico de Brecht é uma plataforma que é utilizada para instruir, educar, bem como dar prazer, e fornecer ao público declarações artísticas enfáticas à sua vontade. [150] Além disso, Brecht acredita que o teatro pode ser uma arma forte na luta de classes se envolver um compromisso tanto para a arte como para a política. Ele captou do Piscator que "O teatro deve tornar-se o instrumento da nossa vontade de encontrar uma nova comunidade"[151].

Eventualmente, Brecht continua realmente a sua busca para encontrar uma solução para os problemas do teatro moderno até à sua morte a 14 de Agosto de 1956 por causa de um ataque cardíaco, e o que resta é o "ismo" do culto. É verdade que Brecht morreu, mas é igualmente verdade que o Brechtismo está muito vivo. [152] Isto é de facto o que os capítulos subsequentes deste estudo tentam revelar.

NOTAS

[1] Eric Bentley, *Theatre of War: Comments on 32 Occasions*, (Londres: Eyre Methuen LTD, 1972), p.93.

[2] Dark Riley, "The Life and Lies of Bertolt Brecht" www. Escrita. Upenn. Edu-review. Html, acedido em 9-5-2005.

[3] Jens Bjorneboo, "Hemingway and Brecht" (Trans. Do norueguês por Esther Greenleat Muer em 1999). Hom.att.net-ehbb.htm acedido em 23-11-2005.

[4] Martin Essline, *Brecht: The Man and His work*, (New York: Doubleday and Company Inc., 1961), p.xvi.

[5] Here-upon, os temas de distinção de classe e conflito religioso que são expressos nas peças de Brecht estão enraizados na sua própria vida inicial. Introdução de Hugh Rorrison a Bertolt Brecht, *Peças: Dois*, trans. John Willett. (Londres: A Methuen Paperback, 1987), p.xvi.

[6] Mertin Essline, *Brecht: A Choice of Evils: A Critical Study of the Man, His Work and His Opinions*, (Londres: Eyre Methuen, 1980), p.5.

[7] "Bertolt Brecht" www.gradesaver.com acedido em 23-11-2005.

[8] Walter Benjamin, *Bertolt Brecht*, (Maspero: Petite Collection Maspero, 1974), p.174.

[9] Esslin, *Brecht: o Homem e a Sua Obra*, p.32.

[10] Ibid. p.11.

[11] Ibid. p.103.

[12] Ibid. p.20.

[13] Ji Joo Hyoung "Failure as Epic Theatre...Espcially in Brecht's *Mother Courage and Her Children*" www.lancs.ac.uk acedido em 27-10-2005.

[14] A peça, *A Boa Pessoa de Szechwan* também está escrita como *A Boa Mulher de Setzwan*.

[15] Esslin, *Brecht: o Homem e a Sua Obra*, p.20.

[16] Erwin Piscator (1893-1966) é um realizador e dramaturgo alemão cujos conhecimentos são captados de Reinhardt que insere os propósitos da propaganda no teatro. Assim, inventa o seu teatro épico cujo objectivo principal é transmitir mensagens sociais e políticas à sociedade moderna. Trabalhou em muitos teatros alemães e produziu muitas obras dramáticas das quais a mais notável é *Guerra e Paz* (1955; escrito1936, em colaboração com Walter Neumann).
John Russel Taylor, *The Penguin Dictionary of the Theatre* (Londres: Methuen& COLTD, 1967), s.v. "Epic Theatre".

[17] J.A. Cuddon, *A Dictionary of Literary Terms*, (Londres: Penguin Books, 1984), s.v. "Epic Theatre".

[18] Kathleen Morner e Ralph Rausch, *From Absurd to Zeitgeist: the Compact Guide to Literary Terms*, (Illinois: Contemporary Publishing Company, 1997), s.v. "Epic Theatre".

[19] J.L.Styan, *Modern Drama in Theory and Practice: Expressionism and Epic Theatre*, (Nova Iorque: Cambridge University Press, 1981), pp.130-131.

[20] John Gassner, *Realização em Teatro e Drama Moderno: Form and Idea in Modern Theatre*, uma edição ampliada (Nova Iorque: Holt Richart e Winston Inc., 1966), p.113.

[21] Ibid. p. 113.

[22] Ibid. pp. 114-117.

[23] Eric Bentely, *The Playwright as Thinker: a Study of Drama in Modern Times*, (Nova Iorque: The World Publishing Company, 1946), p.227.

[24] *Encyclopaedia Britannica*, the 1995. s.v. "Epic Theatre of Brecht" (Teatro Épico de Brecht)

[25] Doe Von Arz "Autor Político e Não-Conformista": Bertolt Brecht" em *German News*. Março de 1998.
Brecht tenta fazer uma síntese do indivíduo e da sua sociedade e da sua autoridade a fim de "estabelecer um equilíbrio saudável entre a sociedade do futuro e os seus governantes".

Heinz Politzer "How Epic is Bertolt Brecht's Epic Theatre" em *Modern Drama: Essays in Criticism* edited by Travis Bogard and William I. Oliver (Nova Iorque: Oxford University Press, 1965), pp.69-70.

[26] Bentely, *The Playwright as Thinker*, p.229.

[27] Hugh Rorrison's Introduction to Bertolt Brecht *Mother Courage and Her Children* trans. John Willett (Londres: Methuen student edition, 1983), p.31.

[28] Ibid. p. 25.

[29] Laurence Kitchin, *Mid-Century Drama*, (Londres: Faber e Faber, 1969), pp. 76-77.

[30] Gassner, pp. 114-117.

[31] *Encyclopadia Britannica*, The 1943-1973 vol.3, s.v. "Brecht, Bertolt"

[32] Raymond Williams, *Modern Tragedy*, (Londres: Chatto and Windus, 1966), p. 202.

[33] Raymond Williams, *Drama from Ibsen to Brecht*, (Harmonds Worth: Penguin Books, 1973), p.319.

[34] Citado em Muna Saad, "The Alienation in Modern Theatre": Through Bertolt Brecht's Theatre" in *A'allam Al-Faker*(*The Distinguished of Thought*) vol.10 (Kuwait, 1979), p.149.

[35] Eric Bentley(ed.), *The The Theory of Modern Stage: An Introduction to Modern Theatre and Drama*, (Nova Iorque: Penguin Books, 1984),p.91.

[36] John Russel Taylor, *The Penguin Dictionary of the Theatre*, (Londres: Methuen e COLTD., 1967), s.v. "Bertolt Brecht".

[37] J.L.Styan, *the Dark Comedy: the Development of Modern Comic Tragedy*, (Londres: Cambridge University Press, 1968), p. 175.

[38] Essline, *Brecht: o Homem e a Sua Obra*, p. 129.

[39] Eric Wilkinson, "Bertolt Brecht's Marxist Perspective" www.Bertolt_Brecht_Marxism.html acedido em 9-10-2005.

[40] M.P.Thompson, *Bertolt Brecht: Propostas para um Teatro Épico* (Universidade de Durham: EscoladeLínguas Modernas Europeias, Outubro de 2001) acedidas em 13-11-2005.

[41] Styan, *The Dark Comedy*, p. 167.

[42] Taylors.v. "Brecht, Bertolt".

[43] Lionel Trilling, *A Experiência da Literatura: Drama*, (Nova Iorque: Holt, Rineheart e Winston,inc., 1967), p.416.

[44] Citado em Ibid. p. 416.

[45] Styan, *The Dark Comedy*, p. 167.

[46] Bertolt Brecht, *Reproduz duas*, trans. John Willett.(Londres: Methuen, 1987), (Sc.5, p.241). Todas as referências textuais das três peças: *Mother Courage and Her Children*, *The Good Person of Szechwan*, and *Fear and Misery of theThird Riech* são extraídas desta edição.

[47] Styan, *Modern Drama in Theory and Practice*, pp. 142-143.

[48] Williams, *Drama de Ibsen a Brecht*, p. 324.

[49] Citado em Saad, p. 165.

[50] Introdução de Rorrison à *Mãe Coragem*, pp. 21-22.

[51] Introdução de Rorrison a *Peças Dois*, p.xxxi.

[52] Ibid. p. xxxi.

[53] John Micheal Koroly, "Mother Courage and Her Children" www.oobr.com acedido em 2-11-2005.

[54] Ernst Schumacher, "He Will Remain" in *Brecht as They Know Him* editado por Hurbert Witt, (Alemanha: Seven Sea Books, 1974), p.224.

[55] Styan, *Modern Drama and Theory in Practice*, p. 161.

[56] Essiln, *Brecht: o Homem e a Sua Obra*, p. 219.

[57] Gassner, p. 296.

[58] Liam Otten, "*The Good Person of Szechwan*: Brecht's Provactive Modern Parable" Universidade deWashington em St. Louis News & Information acedida em 7-11-2005.

[59] Gassner, p. 296.

[60] Oscar G. Brocket, *The The Theatre: An Introduction*, (Universidade deIndiana, n.d.), p.335.

O moralismo de Brecht tem sido alvo de críticas por parte de muitos críticos e de diferentes doutrinas. Primeiro, pode ser analisado de acordo com a concepção moral Brechtiana apresentada na sua arte. Brecht pensa que o conceito moral que se adequa à era moderna é "comer primeiro, moral depois". Embora tenha sido criticado como "amoralismo duro" por certas pessoas, reflecte que a bondade não pode ser fixada contra a maldade fixa. Este conceito pode explicar o empenho de Brecht no marxismo, particularmente o papel das condições sociais e económicas no comportamento humano. Além disso, este conceito também é visto de acordo com a doutrina comunista de que os fins justificam os meios.

Willaims, *Drama de Ibsen a Brecht*, p. 323.

[61] Williams, *Drama de Ibsen a Brecht*, p. 323.

[62] Styan, *Modern Drama in Theory and Practice*, p. 162.

[63] Bjorneboe.

[64] Ibid.

[65] S.E.Woodson "Bertolt Brecht and Epic Theatre, The 220" www.Brecht_Epic acedido em 9-11-2005.

[66] Politzer, p. 69.

[67] Bentely, *Theatre of War*, p. 169.

[68] Gassner, p. 291.

[69] Brockett, p. 335.

[70] Styan, *The Dark Comedy*, p. 171.

[71] Esslin, *Brecht: o Homem e a Sua Obra*, p. 137.

[72] Rorrison's Introduction to *Mother Courage*, p. 42.

[73] Bentely, *Theatre of War*, p. 169.

[74] Styan, *The Dark Comedy*, p. 172.

[75] Rorrison's Introduction to *Mother Courage*, p. 42.

[76] Styan, *The Dark Comedy*, p. 172.

[77] Styan, *Modern Drama in Theory and Practice*, p. 144.

[78] Politzer, p. 57.

[79] Robert O. Brien e Bernard E. Dukore (eds.) *Tragedy: Dez grandes jogadas dos gregos aos tempos modernos*, (Nova Iorque: Bentam Books, inc., n.d.) com uma introdução dos editores, p. 487.

[80] Politzer, p. 57.

[81] Styan, *Modern Drama in Theory and Practice*, p. 57.

[82] kitchin, p. 75.

[83] Bentely, *Theatre of War*, p. 100.

[84] Ibid. p. 99.

[85] Essilin, *Brecht: The Man and His Work*, p.305.

[86] Brain Wilkie e James Hurt, *Literatura do Mundo Ocidental: Neo Classicismo através do período moderno*. Vol.2, quinta edição. (Nova Jersey: Prentice- hall, Inc., 2001), p. 1815.

[87] Williams, *Drama from Ibsen to Brecht*, p. 323.

[88] Williams, *Modern Tragedy*, p. 202.

[89] Styan, *The Dark Comedy*, p. 171.

[90] Williams, *Modern Tragedy*, p. 197.

[91] Brien e Dukore, p. 487.

[92] Williams, *Modern Tragedy*, p. 197.

[93] Essilin, *Brecht: The Man and His Work*, p. 143.

[94] Ibid. p. 249.

[95] Ibid. p. 249.

[96] Angela Curren *Brecht's Criticism of Aristotle's Aesthetic of Tragedy*, (Mount Holyoke College: Department of Philosophy, Dezembro de 1997), p.180.

[97] Essilin, *Brecht: The Man and His Work*, p.136.

[98] Brockett, p. 336.

[99] Rorrison's Introduction to *Mother Courage*, p.40.

[100] Styan, *Modern Drama in Theory and Practice*, p. 143.

[101] Essilin, *Brecht: The Man and His work*, pp.133-134.

[102] Brigid Doherty, *Test and Gestus em Brecht e Benjamin* (Nova Iorque: John Hopkins University Press, 2000), p.457.

[103] Curran, p. 172.

[104] Ibid. p.172.

[105] Citado em Gassner, p. 115.

Brecht recomenda também um estudo do *Teatro Chinês*, porque a representação chinesa tem sido" magistralmente no tratamento do gesto". Isto significa que Brecht aprendeu o uso de gestos com o Teatro Chinês.

[106] Sarah Merchant "Stanislavski and Brecht Sought to Challenge the Theatrical Conventions of the Day" www.Bertolt_Brecht.htmlaccessed em 2-12-2005.

[107] Esslin, *Brecht: O Homem e a Sua Obra*, p.134.

[108] Jeffrey Dawson "Brecht" http://hsc.csu.edu acedido em 23-11-2005.

[109] Doherty, p. 452.

[110] J.F. Williams, *Brecht's Originality: the Problem of Influences*, (Court of the UniversityofSt. Andrews, 2003), p. 46.

[111] Essilin, *Brecht: o Homem e a Sua Obra*, p. 106.

[112] Citado em Williams, J.F, p. 56.

[113] Citado em Ibid. p. 56.

[114] A origem deste provérbio pertence ao início do século XVI. Assumiu diferentes formas até ser estabelecido sob esta forma em 1726.

Além disso, este não é o único provérbio que se tem reflectido nesta peça, mas há muitos outros (alguns são proferidos com certas variações) como em: "Mãe Coragem": Criança descascada, esse é o meu sargento". Este provérbio "uma criança queimada teme o fogo" indica que a Mãe Coragem já foi enganada antes (Sc1, p.107), enquanto que "Mãe Coragem: Onde há fumo há fogo, dizem eles"

(Cf: 8, p.165). Por este provérbio, Coragem assume que quando uma pessoa está doente, não pode ser totalmente desprovida de razão.

Munir Baalbaki, *Al-Mawrid: Um dicionário inglês moderno - árabe*, (Beirute: Dar Al-Malayan, 2004), s.v. "The Lamps of Experience": A Collection of English Proverbs With Origins and Arabic Equivalents".

[115] Brecht usa linguagem científica nas suas peças, tais como a linguagem da matemática ou da física. Brecht usa isso como "um dispositivo para transformar o espectador num observador especializado em vez de um sujeito de teste hipnotizado".

Brigid Doherty, *Test and Gestus in Brecht and Benjamin*, (Nova Iorque: JohnHopkinsUniversity Press, 2000), p. 449.

Esta linguagem foi encontrada no seu *Medo e Miséria do Terceiro Reich* na oitava cena "The Physicists":

Y: ... Assim é criado um campo gravitacional estático cujas equações, tendo em conta o factor de proporcionalidade constante 8^x serão f = 4 $\times$u. Dada uma escolha adequada de coordenadas espaciais o grau de variação de e2dt2 será muito ligeiro .....

(Sc.8, p.46)

[116] Curran, pp. 180-181.

[117] Thompson.

[118] Bertolt Brecht, *Brecht on Theatre*, trans. John Willett. (Londres: Methuen LTD, 1964), p. 37.

[119] Brockett, p. 339.

[120] Rorrison's Introduction to *Play's Two*, p.xxvii.

[121] Bjorneboe.

[122] Jennifer D. Lackey, "Bertolt Brecht and the Alienation Effect in Theatre" www.geocities.com acedido em 9-11-2005.

[123] Styan, *Modern Drama in Theory and Practice*, p. 151.

[124] Hyoung.

[125] Williams, *Drama from Ibsen to Brecht*, pp. 318-319.

[126] Politzer, pp. 66-67.

[127] Brockett, p. 374.

[128] Williams, *Modern Tragedy*, p. 194.

[129] Bentley, *The Playwright as Thinker*, p. 225.

[130] Styan, *The Dark Comedy*, p. 173.

[131] Essilin, *Brecht: o Homem e a Sua Obra*, p.204.

[132] Citado em Ibid. p. 208.

[133] Moeda, p. 173.

[134] Ibid., p.173.

[135] Rorrison's Introduction to *Plays: Dois*, p.xxvii.

[136] Ibid. p.xxix.

[137] Williams, *Modern Tragedy*, p. 191.

[138] Brockett, p. 331.

[139] Essilin, *Brecht: o Homem e a Sua Obra*, p. 298.

[140] Sami Kashaba, *Qathiya Al-Maserah Al-Ma'aser (The Affairs of Modern Theatre)*, em" Bertolt Brecht and the New Realism", (Bagdad: 1977), p.87.

[141] Styan, *Modern Drama in Theory and Practice*, p. 130.

[142] Riley.

[143] Erwin Piscator, *The Political Theatre* trans. e com introduções de capítulos e notas de Hugh Rorrison, (Londres: Eyre Methuen LTD, 1980), p. 17.

[145] David Doje *Bertolt Brecht, The Aesthetics of Epic Theatre:Pedagogic Implications for the Management and Organization*,(Novo México universidade estatal, 16 de Julho de 2003), acedida em 14-11-2005.

[146] Lisa C. Hansson, "The Obvious in Brecht" www.gradesaver.com acedido em 9-11-2005.

[147] Ibid.

[148] Ibid.

[149] Bjorneboe.

[150] Pauel Merchant, *The Epic*, (Londres: Methuen & COLTD, 1971), p. 79.

[151] Piscator, p. 171.

[152] Bentely, *Theatre of War*, p. 93.

CAPÍTULO DOIS

TEATRO DE SAADALLAH WANNOUS

Saadallah Wannous é um dos dramaturgos proeminentes do teatro árabe que apareceu no início da década de 1960 e assumiu a tarefa de procurar uma identidade distinta para o drama árabe. [1 As] suas peças foram traduzidas em diferentes línguas: Francês, espanhol, polónico, russo, inglês, alemão e outras línguas europeias,[2] e a sua arte tornou-se uma das disciplinas centrais ensinadas em universidades estrangeiras e árabes, bem como um tema para canetas de crítica de teatro de várias culturas. [3] E como reconhecimento da sua criatividade, foi seleccionado pela UNESCO e pelo Instituto Internacional de Teatro para apresentar o discurso por ocasião do Dia Internacional do Teatro a 27 de Março de 1996: é o primeiro escritor árabe a receber esta honra desde que a organização começou em 1963.[4] Além disso, foi nomeado para ganhar o Prémio Nobel da Literatura, mas infelizmente faleceu antes de ganhar esta honra. [5]

Saadallah Wannous nasceu em 1941, a norte de Síria; numa pequena aldeia chamada Haseen Albahr. [6] Ele era filho de um pobre agricultor que mal podia ganhar a vida da sua família. Isto explica que a pobreza das personagens dramáticas de Wannous nas suas peças é um reflexo da sua vida inicial. De facto, Wannous e qualquer uma das suas pobres personagens são duas facetas da mesma moeda, a moeda do homem árabe moderno cuja esperança de vida se desvanece devido às dificuldades da sua realidade. De qualquer modo, Wannous superou estas dificuldades e continuou os seus estudos até receber o seu diploma de Bacharelato em Tartus em 1959. No mesmo ano, obteve uma bolsa académica para o Egipto, onde estudou Jornalismo na Universidadedo Cairo. Este estudo académico estimulou-o a ler literatura moderna em geral e teatro em particular. Leu extensivamente os dramaturgos europeus, americanos e árabes. [7] Na verdade, esta leitura foi alargada após a sua graduação em 1963 e o seu regresso à Síria, onde trabalhou em diferentes revistas: *al-Ba'th, al Safer, Osama, al-Adab* e *Libanese Literary Publication*, o que tem grande impacto na sua carreira literária. [8]

Como jornalista, pôde ler as obras traduzidas e publicadas dos existencialistas como Albert Camus e Jean Paul Sartre. [9] Esta leitura moldou as suas atitudes intelectuais e levou-o a adoptar o existencialismo10 que estimulou Wannous a captar os princípios e tecnicidades do Teatro Absurdo, particularmente das suas figuras de proa: Samuel Beckett e Eugene Ionesco. [11]

As atitudes dos existencialistas e os aspectos técnicos dos dramaturgos Absurdos reflectiram-se nas peças do período (1963-1965) cujas obras foram manipuladas para serem veículos que reflectiam os pensamentos filosóficos e intelectuais difundidos por esse período. Para alguns críticos, a adopção destas atitudes por Wannous foi atribuída à moda dos anos sessenta, mas na realidade, isto está relacionado com o impacto do jornalismo que lhe permitiu estar em contacto com várias doutrinas filosóficas. [12]

O primeiro pensamento filosófico que é afectado, associado à aculturação artística, é o existencialismo que cobre as peças da primeira fase dramática de Wannous. Estas peças focam o mundo interior do homem e lidam com o "eu humano na sua luta com a sua solidão, estranheza, e a sua ânsia de imaginar a realidade"[13] Além disso, Wannous neste período pretendeu representar a realidade da vida dentro da estrutura interior do homem e mostrar as forças ocultas que controlam o comportamento do homem e afectam a sua própria entidade, pelo que o tema não é universal. [14] Mesmo as personagens destas peças não podem ser generalizadas ou tomadas como símbolos para uma determinada classe social, uma vez que os seus problemas e sofrimentos são pessoais. [15]

De facto, o espectador árabe não responde a tal estilo uma vez que se baseia nas filosofias, princípios e técnicas de um teatro que reflecte as necessidades psicológicas e artísticas de um determinado ambiente que difere do da Pátria Árabe na sua essência. O fracasso do público em responder positivamente a estas peças fez com que Wannous parasse de escrever neste estilo após 1965.[16] Consequentemente, tentou adoptar um novo estilo ao longo do seu estudo na Sorbonne que lhe permitiu encontrar várias correntes, tendências, e escolas de teatro europeu. [17]

Nesta altura, os árabes enfrentam grandes crises devido à sua derrota na guerra de 1967, mas a riqueza da vida intelectual francesa ajudou Wannous a superar a sua dor e tristeza causada pela frustração de Junho, que foi realmente um ponto de viragem na carreira de Wannous. Partes da sua dor foram parcialmente suavizadas quando ele tomou parte nos estudantes do acampamento francês. Lá ele encontra um fórum para discutir o sofrimento dos árabes, particularmente dos palestinianos, e uma terra para praticar livremente o seu trabalho político. Como resultado desta participação, tornou-se membro de uma das organizações marxistas. [18]

Na verdade, estas actividades aliviaram Wannous não só como árabe, mas também como artista, que tem de desempenhar o seu papel e assumir a sua responsabilidade na remoção das máscaras dos rostos. Wannous acredita que por muito dolorosa e insuportável que a situação seja, é a forma instrutiva e saudável de corrigir as coisas. [19] Ele tentou arduamente esclarecer as massas árabes mostrando a verdade da catástrofe de Junho. Em resposta a esta tarefa, Wannous adoptou o estilo do Teatro do Documentário.

O Teatro Documentário cujo líder é um dramaturgo socialista, Peter Weiss20, é descrito como um relatório ou memorando cujos dados são retirados das cartas, notícias, anúncios governamentais, entrevistas, declarações, e ensaios jornalísticos. Além disso, aborda os acontecimentos actuais de forma objectiva e fiel: isto reflecte-se no Wannous's *Night Party for June Five* (1968), que aborda o estatuto político dos árabes e as verdadeiras razões por detrás desta catástrofe. [21]

No Teatro do Documentário, o palco aparece como um fórum onde as personagens falam directamente discursos entusiásticos e se tornam oradores. A confiança neste tipo de diálogo faz com que a peça perca a sua graça artística de verdadeira persuasão e a sua capacidade artística de inspiração e impacto. Além disso, este teatro exige um grande esforço por parte do dramaturgo, a fim de criar suspense. [22] Embora Wannous seja um dramaturgo hábil que pode superar qualquer dificuldade e introduzir o verdadeiro sentido da arte adoptando qualquer estilo, descobriu que o Teatro Documentário não pode ser a sua própria matriz dramática que possa cumprir o seu objectivo de ensinar através do deleite. É por isso que embarca na procura de um novo método na rica vida intelectual de França .

Em FrançaWannous participou em muitos festivais, juntou-se a várias discussões, e assistiu a uma variedade de espectáculos teatrais (embora por vezes longe do seu lugar). O aspecto principal destas representações e discussões centra-se nas obras de Bertolt Brecht, cujo Teatro Épico afectou grandemente o drama de Wannous. A este respeito, Wannous diz: "Conheci Peter Weiss, e assisti ao diálogo que se centrou em Brecht . "[23] Por outras palavras, Wannous substituiu o estilo do Teatro Documentário pelo do Teatro Épico, que ele achou mais adequado para lidar com as mudanças e acontecimentos do seu próprio tempo.

O conhecimento de Wannous sobre o Teatro Épico de Brecht é enriquecido não só pelo seu estudo na Sorbonne, e pela sua participação em espectáculos brechtianos, mas também pelas suas estreitas relações com artistas, figuras teatrais proeminentes, e realizadores franceses conhecidos, como Jean Mary Serio , Jean Loew Baro e Brenardourt. [24] O último tem um impacto importante em Wannous, devido à sua reputação como realizador, crítico e figura académica que tem um interesse especial no Teatro Brecht. Além de ter sido o primeiro artista a apresentar o teatro de Brecht ao público francês, Brenardourt tentou muitos ensaios e estudos sobre as peças de Brecht, e escreveu grandes livros como *Reading on Brecht* e *ThePopular Theatre.* [25]

Wannous tornou-se bastante familiarizado com os princípios e técnicas do teatro épico, o que parece ser encorajado pela situação comum na Pátria Árabe antes da guerra de 1967. Estas condições levaram à criação de um novo nível de consciência entre os artistas, quanto à necessidade de um "teatro político árabe". Uma vez, Wannous disse "Começo a reconhecer que o valor principal e essencial do homem é político". [26] É por isso que, no seu regresso à Síria, apelou à realização de um Festival de Teatro Árabe em Damasco. Neste festival, que tem sido frequentado por dramaturgos de toda a Pátria Árabe, Wannous apresentou o seu novo projecto: "Teatro da Politização" para substituir o tradicional "Teatro Político". [27]

O "Teatro da Politização" é um termo inventado por Saadallah Wannous para descrever o seu teatro: "Quero com o termo 'politização' dar um passo profundo e dizer que é o teatro que carrega um conteúdo político progressista". [28] Embora aborde assuntos políticos, Wannous difere do teatro político tradicional no sentido de que "é um diálogo entre duas áreas: a primeira é a representação teatral introduzida por um grupo que pretende comunicar e falar com o público, e a segunda é o público da sala de teatro sobre o qual todas as condições e problemas da realidade têm sido reflectidos."[29] Wannous não estabelece o seu teatro de Politização para ditar ou propagar as opiniões políticas e impô-las ao público: ele não é um propagandista político; mas foi um verdadeiro dramaturgo patriótico cujas armas são as palavras. [30]

Este dramaturgo patriótico pretendia no seu "teatro", que foi declarado em 1969, um período de caos, sofrimento e depressão,[31] politizar o seu público e permitir-lhes reconhecer o efeito da política na sua vida. Este teatro é dirigido ao público que é considerado como sendo os heróis da revolução e os líderes da mudança. [32]

O teatro pretende desempenhar um papel mais positivo no processo de mudança social e política. Ele acreditava que o teatro poderia ser um instrumento de revolução e de reforma e poderia, de facto, ter sucesso na politização da cultura popular até ao ponto da vitória. O teatro foi a batalha que ele escolheu travar numa altura em que as guerras políticas e militares convencionais estavam a ser perdidas. [33]

É bastante significativo mencionar aqui que o "Teatro da Politização" de Wannous não é um sinónimo de "política"; é antes "um fenómeno social cujo princípio principal é o público"[34] Este "fenómeno social" está relacionado com o (estilo) de Wannous para dar ao público uma oportunidade de julgar a peça moralmente e abertamente e também tomar partido mesmo antes de sair da sala de teatro. Por outras palavras, o estilo de Wannous estimula o público a reagir de uma forma avaliativa e crítica que transforma o espectáculo num "fenómeno social de pequena escala"[35] Em muitas ocasiões, Wannous nega a existência de qualquer dissonância entre a arte do seu teatro e o seu interesse por questões políticas. [36] É contra artistas que separam a arte da política, como Julien Green,um romancista americano (1900-1998), que declara sempre "Odeio a política". [37] Mas, segundo a opinião de Wannous "a política é um destino que não pode ser ignorado pelos educados que pertencem a uma sociedade"[38] De facto, a política ocupa o ponto central do teatro árabe depois dos anos 50. Esta visão também foi afirmada por Youssef Rakha39 na sua discussão sobre a relação teatro-política:

O teatro, como eu entendo, é um fenómeno humano, cultural e intelectual, e quanto mais inspeccionamos as suas raízes mais vemos a influência da política, seja ela positiva ou negativa. Isto é algo bastante óbvio, algo que não requer provas. Muito do que o teatro árabe produziu estava ligado a acontecimentos políticos, quer directa quer indirectamente. [40]

Estas ideias políticas têm-se reflectido nas peças épicas de Wannous, cujas características se reflectem pela primeira vez em *O Elefante, Vossa Majestade* introduzida no Festival de Damasco em 1969, mas a peça que é universalmente descrita como bastante épica é *O Rei É o Rei* cujo eco político é proferido mais alto e directamente, uma década mais tarde, em *A Violação*, uma peça que tem sido descrita como uma guerra política. [41]

Nestas três peças, Wannous dramatiza certos contos emprestados para serem vasos artísticos que transmitem as suas atitudes do Teatro da Politização, servem os seus objectivos dramáticos e, ao mesmo tempo, são o véu por detrás do qual Wannous esconde e escapa à fúria da autoridade. A história de *O Elefante, Vossa Majestade,* foi inspirada pela herança e tradição árabe. Este conto narra a história de pessoas que suportam a pobreza, impostos, epidemias, opressão, trabalhos forçados e agora o elefante agressivo do rei que vem para destruir as suas propriedades (casas, quintas e esmagar o seu gado) e matar os seus filhos.

> Zakaria: Vivemos e morremos à espera de alívio. Temos
>   suportou a pobreza.
> 11° M: Impostos e doenças prolongadas.
> 7.° M: Injustiças e trabalhos forçados.
> Zakaria: E aí vem este elefante para pisar
>   o que quer que reste.
> 11° M: Os nossos filhos.
> 8 M: O nosso sustento.
> 3° W: Acabou-se a segurança. Já nada é seguro. [42]

Assim, decidem encontrar-se com o rei e pedem-lhe que acabe com o seu sofrimento, mas no palácio são traídos por palavras de medo. Em vez de pedirem ao rei para matar ou conter o seu elefante, pedem para trazer um elefante para procriar inumeráveis. [43]

O medo do povo da tirania do rei44 não se reflectiu apenas em *O Elefante, Vossa Majestade*, mas também em *O Rei é o Rei*. Nesta peça, Wannous volta a *The Arabian Nights45* para pedir emprestado o conto de "The Sleeper and Awake" que é narrado por Shehrizad na noite de cinquenta e três após os cem. Este conto reflecte um dos caprichos, caprichos, do califa Abbassid Harown Al-Rasheed. Num dos passeios nocturnos disfarçados nos aposentos de Bagdade, o espírito de humor de Al-Rasheed foi comovido no seu encontro com um homem chamado Abul- Hasan, que não hesita em declarar o seu próprio desejo de ser o califa de Bagdade, mesmo por um único dia, de modo a reformar todas as formas de mau governo. Al-Rasheed acompanhado pelo seu carrasco, Massrour, decide trazer este homem para o PalácioReal num estupor bêbado e ser um califa por um dia. [46]

Nesta peça, Wannous quebra a relação do conto com a história e a sua ligação com o tempo e o lugar específicos. Tal tipo de interrupção é feita através de certas alterações nas três personagens principais: Al-Rasheed, Massrour e Abul-Hasan. Wannous substitui Al-Rasheed pelo personagem de um rei sem nome que governa um certo reino que pode ser encontrado aqui ou ali, e os seus acontecimentos podem referir-se aos de ontem, hoje ou mesmo amanhã. Ele também substitui o carrasco, Massrour, pelo carácter de Vizier, como companheiro do rei, e Abul-Hasan torna-se Abu 'Izza. Tal tipo de mudança afastará a audiência do reino e da idade de Al-Rasheed. [47]

Desenhando a audiência para além da idade de Al-Rasheed em *O Rei é o Rei* e introduzindo o rei sem nome e personagens referidas pelos números em *O Elefante, Vossa Majestade* afirma que Wannous não é um historiador cujo objectivo é analisar alguns documentos históricos ou o contexto social actual, nem um artista romântico cujo regresso à história e ao património pode ser interpretado como uma nostalgia ou uma fuga ao presente feio, ou um meio de entretenimento; ao contrário, foi um verdadeiro dramaturgo que empregou os contos tradicionais e históricos para tocar em certas questões contemporâneas que despertam a consciência e o esclarecimento do público. [48] Este é o objectivo que está sob a intenção de Wannous de subjugar o conto a certas mudanças.

Além das mudanças nas personagens da família real, Wannous fez outras alterações para criar um ambiente social e económico especial para Abu 'Izza; isto é apresentado nas personagens da sua esposa, filha, e do seu criado, 'Urqub'. Estas três personagens não são menos significativas do que as outras personagens. São iguais aos do Comerciante Chefe e do Xeque Taha, que também são levados a completar o ambiente social e económico da autoridade do rei. Mas as personagens que foram introduzidas para transmitir a sensação de novidade são Zahid e 'Ubayd, os bocais de Wannous e os actores principais da cena de abertura da peça, para quem foi deixada a tarefa de tirar conclusões sobre a natureza e o abuso da autoridade. [49] Estas mudanças esclarecem a crença de Wannous de que: "a verdadeira inspiração do teatro não depende um dia do conto em si, mas do novo tratamento que permite ao público contemplar a sua condição histórica e existencial"[50].

A contemplação da condição histórica e existencial do homem é o próprio ponto de vista de Wannous, enquanto alguns críticos atribuem o seu interesse no conto histórico e tradicional seja em *O Elefante, Vossa Majestade* ou em *O Rei é o Rei* à disponibilidade do personagem do rei (ou califa, líder,....etc.). [51] É verdade que o personagem do rei tem atraído a atenção do público há muito tempo, mas é igualmente verdade que o público de Wannous não são os gregos ou Shakespearianos que gostam de falar dos seus líderes históricos e das suas características nobres que, por sua vez, apoiam a sua "Englishness". Na verdade, o público de Wannous não encontra a imagem tradicional do rei em *TheKing Is The King,* bem como em *The Elephant, Vossa Majestade*, uma vez que ele foi privado das qualidades nobres.

Na realidade, Abu 'Izza não foi recompensado pelo trono devido aos seus feitos heróicos e o rei do *Elefante* não é a nobre figura corajosa, que se assemelha a Beowulf, cujo povo lhe vem pedir a morte do monstro para acabar com o seu sofrimento. Na verdade, o rei de Wannous é um fantoche nas mãos do grupo de tempo cercado e não nas mãos do destino como Édipo. Ele é outra imagem de Korosh:

> 'Ubayd: Orgulho e arrogância só fazem os reis esquecer essa regra básica ... Quando o velho Korosh fez a ronda do seu lugar real, e pensou que só ele estava em plena graça. Esqueceu-se que aqueles que construíram a cidade estavam a obedecer simplesmente ao seu ceptro e à sua coroa. [52]

O rei de Wannous não percebe nem a realidade de Korosh nem a realidade de si próprio. Ele não tem consciência de que o seu poder deriva dos seus símbolos reais cercados e não da sua própria individualidade. Ele tem usado para pôr de lado a vontade do público e pensar que o trono tem apenas um interesse que é o seu. [53]

> Mustapha: E, ao anoitecer, vou rir na cara de todos;
> e eu ter-lhes-ei ensinado uma lição sobre como eu...
> é que o soberano deve caber na sua sove...
> soberania, e que a sua soberania se ajuste ao
> soberano ...
>
> (Sc.3, p.22)

Na verdade, fazer o rei pensar apenas nas suas glórias reais como a peça de vestuário, a coroa e o ceptro é algo pretendido por Wannous para mostrar até que ponto a monarquia depende de coisas tão triviais, as quais, se perdidas, são transformadas em nada. Além disso, reflecte o significado simbólico do disfarce: o rei senta-se no trono e deriva a sua ascendência dos símbolos e do grupo circundante. Assim, quem ocupa este lugar real pode ser um rei,[54] tal como se reflecte nas palavras de 'Ubayd e Zahid':

> Ubayd: Vestiu a bata, e depois foi o rei.

É uma transformação bastante normal e natural.
Zahid: Em qualquer regime de mascarada, /
Esta é a regra que deve postular:
Dê-me a bata e a coroa,
E Rei, tê-lo-eis.

(Quarto Interlúdio, p.33)

Por outras palavras, o rei em *O Rei é o Rei* é simbolizado pelos símbolos reais que Wannous foca fortemente na sua descrição no início da peça, onde o rei e o seu Vizier aparecem tal como caricaturas. [55]

O rei, no trono, deve parecer-se com um feixe de tecido colorido e fortemente bordado. Estas roupas devem parecer um molde que o envolve. No exterior está uma capa tecida em ouro e prata. A sua coroa desce a meio da testa; no meio da coroa, mesmo acima da testa, está uma jóia cintilante. O rei é afundado no seu trono, a sua mão segurando levemente o ceptro. Ao seu lado, está o Vizier, de aspecto engomado e grosseiro. As suas vestes também são como um molde que o envolve, mas mais apertadas do que as do rei.

(Sc.1, p.4)

Metaforicamente, o rei em *O Elefante, Vossa Majestade,* é simbolizado pelo elefante tirânico que mata e destrói aleatoriamente. Por outras palavras, o elefante é uma representação indirecta do rei, cujo povo sofre muito com a sua política brutal.

Zakaria: Adoramos o elefante, Vossa Majestade.
Como vós, amamo-lo e cuidamos dele.
Prezamos os seus passeios na cidade.
Adoramos vê-lo. Habituámo-nos tanto à
sua presença entre nós que não podemos
imaginar a vida sem ele.

(1: A Decisão, p.23)

O falso afecto demonstrado pelo elefante também é demonstrado pelo rei nas celebrações e festas reais. Afirma a analogia entre o rei e o elefante e ao mesmo tempo, de uma forma ou de outra, revela o verdadeiro significado do carácter de Zakaria que lidera a multidão queixosa. Zakaria é um símbolo do reclamante do falso patriotismo que, assim que tem oportunidade, se transforma num servo do governante ditatorial.

          Zakaria: Notamos que o elefante está sempre solitário e
               não está a receber a sua quota-parte de felicidade e
satisfação.
               A solidão é um sentimento muito angustiante, Vossa
Majestade.
               É por isso que nós, os seus súbditos, viemos perguntar ao
seu
               majestade para o casamento para que a nossa cidade
esteja cheia
               com elefantes.

               -

O Rei: Ouviu isto? Um pedido muito giro. Eu tenho
               disse que eu tenho sorte em ter tais assuntos. Gentileza
               e sensibilidade. Os meus temas são tão suaves, tão suaves
               de coração. É claro que iremos conceder ao povo o seu
pedido.
               Decretos Reais: Primeiro decreto: Encomendamos a Índia
               para procurar uma elefante que será casada com o nosso
elefante.
               Segundo decreto: ordenamos que se recompense esta
ousadia através de nomeações...
               a acompanhá-lo como acompanhante do elefante, por vezes.
Terceiro decreto:
               Encomendamos uma celebração pública durante a noite
de núpcias em
               a que tambores são servidos os alimentos e bebidas
batidos
               a todos. Felicidade e alegria serão espalhadas durante
cinco dias
               e noites.

Zakaria: Viva o rei.

(1: A Decisão, p.23)

Dramaticamente, o rei em *O Elefante* não é diferente do *rei é o rei* na medida em que também ele deriva o seu poder da tirania representada pelo elefante que, metaforicamente, se assemelha ao grupo circundante de *O rei é o rei*. Além disso, o foco na relação do rei com o seu vizir ou com o seu elefante destina-se a mostrar a natureza das relações no seio da família real. [56]

A relação rei-elefante pode ser analisada do ponto de vista político. Simplesmente, o significado pretendido desta relação ou da imagem do elefante é mostrar que o rei se preocupa com o seu elefante mimado, dando-lhe o direito de fazer tudo sem qualquer objecção, mesmo que isso matasse seres humanos. Na verdade, esta besta é mais importante para ele do que os seus súbditos cujas necessidades não são satisfeitas como as do elefante.

9º M: Mas o rei gosta do seu elefante.
3º M: Amortece-o como se fosse seu filho ou vizir.
4º M: Ele foi visto a alimentá-lo com a sua própria mão.
12º M: assiste mesmo pessoalmente ao seu banho.
3º M: Diz-se que os guardas tocam música quando ela

sai

e entra no palácio.
9º M: Os seus desejos são satisfeitos, o que ela faz é a

lei.

(1: A Decisão, p.15)

Por outras palavras, o rei olha o seu público como inferior ao seu animal. Esta é a intenção de Wannous por detrás do emprego de imagens bestiais que mostram directa e claramente a natureza da relação autoridade-pessoa, que é construída sobre o desprezo e o desdém. Esta relação também se reflecte em *O Rei é o Rei*, mas agora o público é colocado no mesmo nível de bestas, o vizir reflecte sobre este ponto:

Rei: Poderia ser que se preocupe com a ida ao trono -

e com a sua posição como Vizier?

Vizier: Que traidor se atreveria! ... Nenhum pensamento deste tipo jamais

me passa pela cabeça! Mas o povo é como os sapos

...

nunca deixam de coaxar ou de resmungar ... O seu

majestade deve ter notado que na nossa expedição passada...

Todos os que conhecemos tinham uma queixa a contar ou

uma queixa a fazer. As ingratas têm uma tonelada tão longa...

... receio que o seu spray venenoso possa...

er meu senhor, ou pô-lo de mau humor.

(Sc.1, pp. 6-7)

O desenho de uma comparação tão directa entre criaturas humanas e não humanas na peça de Wannous não é apenas utilizado para reflectir a realidade da relação comandante-comandado na Pátria Árabe, mas também para instigar a audiência e fazê-la compreender a comparação. As bestas vivem livremente e têm a sua própria casa enquanto os palestinianos não a têm. Esta é a lição que as imagens bestiais transmitem directamente em Wannous's *The Rape*:

Al-Fariah: Consegue compreender o seu
destino agora? Ouçam   bem.
Esta é a sua história. A galinha tem uma casa
. O galinheiro é a capoeira. o coelho tem uma
casa

. O galinheiro do coelho é uma toca. A ave tem um galinheiro. O galinheiro é chamado um ninho. O palestino não tem casa e as tendas e casas em que vive não são as casas dos palestinos. O inimigo dos palestinianos vive na casa dos palestinianos. Quem é o inimigo dos palestinianos? [57]

"Quem é o inimigo do palestiniano? ". Esta pergunta é dirigida ao público para o fazer compreender que o sofrimento dos árabes em geral e dos palestinianos em particular não resultou da crueldade do destino, mas da sua própria passividade. Wannous quer que os árabes compreendam que Israel não quer apenas violar a terra dos palestinianos, mas também a cultura árabe. Este facto tem-se reflectido no Canto de Abertura sobre as línguas das próprias personagens israelitas. [58]

Mãe: Cada lugar que pisar pertence a si. As suas fronteiras são do
        deserto ao Líbano,   do
        Eufrates ao MarOcidental.
Ma'er: Não deixar nenhum corpo vivo nas cidades dessas pessoas.
        Não   lhes   poupe   um   fôlego.
        Destruam-nas. Deus prometeu-vos a vossa parte.
        Jad'oun: Matem-nos a todos.
        Moshe: Abate-os.
Mãe: E não mostrem qualquer misericórdia. Matem as suas mulheres,
Ma'er: Não mostre qualquer misericórdia até destruir tudo o que
        compreende a cultura árabe. Construiremos a
        nossa civilização sobre as suas ruínas.
                       (O Canto de Abertura, pp.12-13)

O desejo nesta peça dá uma descrição elaborada do sofrimento dos palestinianos e de como eles são com os israelitas. Para ser objectivo no seu tratamento, Wannous reflecte esse facto, tal como dito pelas personagens israelitas:[59]

Yitzhak: Oh Raheel, tínhamos sido obrigados a fazer um trabalho
terrível.   Havia um arruinador
obstinado que não queria   confessar.
E Ma'er pediu-nos que o pressionássemos de forma
assustadora   . Então trouxemos a sua
mulher   e...destruímos   a   sua
masculinidade.

(The Book of Prophecies, p.85)

As tropas israelitas pensam que violar a esposa na frente do marido, Ismael, é

a única coisa que o destrói e o obriga a trair os seus compatriotas. Com este

acidente, Wannous pretende realmente despertar os árabes para a amarga

verdade de que, se as esposas, a terra e a cultura são violadas por Israel, de que

estão eles à espera, então?

Al-Fariah: Eles massacram-nos e nós multiplicamo-nos. Eles
destroem-nos   e nós erguemo-nos
das ruínas. Já não choramos,   e eu,
que costumava chorar nos funerais, deixei de
chorar. Este mundo egoísta é indiferente às vítimas
e não reconhece a justiça até se   tornar
um corajoso lutador.... Não...já não choramos...e a
verdade não desaparecerá enquanto alguém a
procurar.

(The Book of Daily Sorrows, p.14)

As palavras de Al-Fariah provam que vivemos numa arena onde não há

sinais de humanidade, e as criaturas são governadas pelas leis da selva. Na

verdade, esta imagem cruel é esperada pelo público desde o início, quando o

psiquiatra israelita Abraham Manuhin toma uma posição anti-sionista.

Doutor: Este é um reino de neurose e loucura. A
cabeça está doente e o coração está doente.
Desde a   sola do pé até ao

67

topo da cabeça, não há   nada
além   de   ferimentos,   falhas,   e
feridas não enfaixadas.
                              (O Canto de Abertura,
p.15)

O sofrimento do homem neste mundo duro e o seu medo do opressor seja ele quem for, um elefante agressivo, um rei cruel ou um inimigo ocupante, é o maior problema que tem sido enfatizado nas peças de Wannous. Wannous concentra-se nestes temas a fim de fazer com que o seu público se aperceba das causas da sua rendição à sua feia realidade. [60]Wannous critica o silêncio do público e a sua incapacidade de decidir os seus lotes e de escolher os ditados certos. [61] Quer que as massas sigam Ismael que sacrifica o amor e a família pelo bem do país. Ismael acredita que cada coisa é barata em comparação com o país e que a morte é melhor do que viver sem dignidade. As massas têm de ser firmes e colocar na sua mente a questão espontânea e impulsiva da menina que acompanha a multidão de Zakaria: "onde é que o rei se esconde?" Têm de estar conscientes de que o medo é algo mútuo entre a autoridade (rei) e o público. [62] Têm de ser revolucionários e lutar arduamente para mudar as suas condições, como 'Ubayd e Zahid :

        Ubayd: Ainda assim, acontece que a caverna é a nossa casa,
            e os fantasmas da nossa família ... É realmente um
            inferno. Mas
                não pode durar.
                              (Segundo   Interlúdio,
p.19)

    Graças a 'Ubayd e Zahid com o poder de orquestrar as acções e aparecer nos interlúdios para quebrar a sequência dos acontecimentos, interromper a ordem das cenas, comentar criticamente os acontecimentos e explicar as suas implicações: são figuras patrióticas. As suas opiniões críticas, que são Wannousian , são transmitidas através do diálogo que não se assemelha nem ao das personagens do palácio real nem ao do público; é bastante semelhante à linguagem das pessoas cultas da nossa época. Tornar a sua língua contemporânea pretende fazer com que o público sinta que "Ubayd e Zahid os representam. Este interesse específico na língua destas duas personagens destina-se a facilitar a captação de lições morais do seu discurso. [63]

De facto, Wannous está muito interessado no efeito dramático da linguagem: em meados da década de 1960, tinha como objectivo alcançar a sua árdua ambição de "acção-palavra". [64] Ele tenta mostrar que a função da linguagem dramática não se limita a ser uma ferramenta que retrata o carácter e transmite os acontecimentos, mas a esclarecer plenamente os comentários que reflectem o destino do homem. Além disso, deve ser capaz de criar uma atmosfera precisa para a situação que foi descrita, e isto é conseguido controlando e tocando o tipo de linguagem (padrão ou coloquial), música, melodia, e o ritmo das palavras. [65]

Por exemplo, em *O Elefante, Vossa Majestade*, o grande acidente, a morte de Muhammed al-Fahid que é morto pelo elefante, não foi apresentado no palco. É, tal como o estado geral de medo, narrado por diálogos dramáticos distintos que permitem ao público, bem como ao leitor, imaginar plenamente a situação:

> 3° M: Uma cena que lhe arrancava o coração. Eu vi-o com os meus próprios olhos tornar-se uma massa de carne e sangue. Ele pisou o peito, na verdade a parte inferior do peito, eu vi com os meus próprios olhos como a sua barriga se abriu e os seus intestinos se misturaram com a sujidade da rua.
> 4° M: Oh Deus, Misericordiosíssimo
> 2° M: Deus perdoe os nossos pecados.
> (Todos os que entram no palco juntam-se no beco estreito)

3° M: Juro que o seu corpo não tinha forma, uma pilha esmagada de   carne e sangue. Oh Deus, mantém-nos a salvo. Sinto-m   e tonto sempre que vislumbro essa cena. Recolheram os seus restos mortais da rua, tal como um ovo partido.

2° M: Ai da sua mãe!

3° M: Viu um ovo a cair no chão? Por Deus, esse era o seu corpo. Salpicos de sangue e intestinos na rua.

(1: A Decisão, p.3)

Como Wannous brinca com o ritmo das palavras e verifica os tipos de diálogo entre os seus personagens paternos, também faz certas variações para harmonizar o personagem com o seu próprio estatuto social e mental, como no diálogo de Abu 'Izza. Abu 'Izza é mentalmente anormal e o seu diálogo é caracterizado pela desconexão, maneirismo, e o uso pesado de dispositivos retóricos. [66]

Abu 'Izza (*Girando como alguém em desmaio*): Torno-me Sultão do reino.... Aperto o meu punho nos meus súbditos, mesmo   *Canto:*) Lá se vai o meu selo,/   Feito está a minha vontade... Ah, Taha! Aquele   Shaykh traiçoeiro e desonesto ... Ele cavalgará para trás num burro no   meio de todos, e depois será pendurado no pano desfraldado do seu turbante! E aquele grande comerciante,   Shahbander, juntamente com os negociantes de seda que controlam os   mercados e regulam os bens e o comércio, serão açoitados   à minha vontade e depois serão enforcados, mas   não antes de eu ter tomado posse de tudo o que possuem, dinheiro e   terras. E quanto àqueles velhos amigos que me esnobaram quando eu estava falido, apodrecerão em celas, como exemplos para todos os porcos ingratos ... (*Cantando:*) Faremos então o que   pudermos, / E transformaremos a noite em dia inteiro ...

(Prólogo, p.3)

70

Mas quando veste o traje do rei e se senta no trono, o seu diálogo transforma-se num diálogo diferente que se adequa à sua nova personagem. O seu diálogo reduz o "redoubtable" Chefe da Polícia a "um lamuriante subalterno", por ser firme, claro, definitivo e cheio de orgulho, arrogância e glória, tal como o diálogo do rei que tem o trono há muitos anos. [67]

> Rei: Quer dizer que não prendeu uma única pessoa a
> não ser o homem que fugiu?
> Chefe da Polícia: Mas nós temos, senhor. Apanhámos outro deles. Mas
> ele   morreu na câmara de tortura sem ter
> confessado   nada.
> Rei: Então ... Este trono está a ser ameaçado por uma força ao
> mesmo   tempo secreta e tenaz? Uma
> força que pode atacar em qualquer lugar e a qualquer
> momento sem que saibamos alguma coisa sobre ela?
> Chefe da Polícia: Não precisa de se preocupar, Majestade.
> Comprometo-me a caçá-los num instante.
> Rei: Escutai vós: Não gosto de promessas vagas. Se não as
> receberes antes do Dia da Coroação, mais vale
> enforcares-te.
>
> (Cf. V: 3, p.31)

O outro ponto que está relacionado com a habilidade de Wannous no emprego da língua é a sua mistura entre a prosa que é normalmente rimada com verso. [68] Wannous insere certas peças de verso e canções para quebrar a sequência de acontecimentos e aliviar a tensão da peça. Na verdade, a canção também revela algo sobre a natureza do seu cantor que pode ser outra fonte de prazer, como na canção de Abu 'Izza. Ele desconhece as suas palavras e está ausente devido à embriaguez do vinho. [69]

> Abu 'Izza: Todos os inimigos devem conhecer o peso da nossa mão
> ... Mas   vamos intensificar o nosso prazer
> tomando um pouco de vinho.   (*Comece a*
> *cantarolar* :) Despertar, acordar, e encher a taça /
> Antes que a vida, a alma, e o corpo se levantem ...
>
> (Escr. II: p.13)

Na verdade, algumas das canções de Wannous são utilizadas para comentar a acção actual de determinada situação e também para prever os próximos acontecimentos, como na última linha da seguinte canção da banda,[70] esta linha dá uma dica de que o rei será destronado.

> A Banda: Senhor em geral de nós,
> Mestre do reino,
> Filho de reis abundantes,
> Manter-se saudável no leme
> Em bem-aventurança celestial.
> A alegria está na sua testa carregada,
> Bom pelas suas mãos suaves é
> Forjado;
> Este monarca inigualável é
> Com dignidade carregada:
> Deus o guarde, para nós e para todos
> Quem irá nascer,
> Em bem-aventurança celestial ...
> (Sc. I, p.5)

A outra função importante que o canto é trazido para servir é o didactismo. Através de uma imagem irónica, Wannous tenta transmitir um didactismo implícito ao seu público:

> Banda: Príncipe do reino,
> Nobre, poderoso, espantoso e firme;
> Radiante de viseira,
> Bounteous de linhagem,
> Óptimo e justo,
> Governar ele deve.
> (Escr. IV: 2, p.26)

Nesta canção, Wannous descreve ironicamente o rei como uma grande figura que traz toda a bondade, prosperidade, e justiça à sua terra. Ele é tal e qual o leão que cuida da sua cria. Por outras palavras, Wannous quer que o seu público compreenda o oposto desta imagem.

72

Para além de ser uma fonte de prazer e um instrumento de didáctica, a canção também tem sido utilizada para ser um dos dispositivos de alienação que desprende o público e faz do espectáculo uma cerimónia ou celebração, o único tipo de enquadramento dos Wannous. [71] [Nas] peças de teatro épico, Wannous emprega várias estruturas tais como "celebração", "espectáculo", "conto" como em *O Elefante, Vossa Majestade*, "noite", "festa", "jogo" como em *O Rei é o Rei,* "aventura", e outras para escapar à raiva da autoridade no seu ousado tratamento de questões políticas e decisivas. [72] Por exemplo, pelo "conto" em *O Elefante,* Wannous reflecte a brutalidade e crueldade da autoridade, e em *O Rei é o Rei* cuja moldura é um "jogo", apresenta uma análise da estrutura da autoridade no sistema de disfarce e realeza. O último pode ser o melhor exemplo que reflecte o significado dramático e a função da moldura. [73]

Em *O Rei é o Rei* que mostra a palpitação da vida que passa pelo passado para o presente, Wannous usa a moldura, um "jogo", que, dramaticamente, é uma representação teatral onde as figuras são meros actores que fazem certas acções acrobáticas que as fazem aparecer como jogadores de circo. É, portanto, um jogo que se joga no palco e não uma realidade que acontece no palco da vida real. [74]

> Personagens em traje: Rei, Vizier, Executor, Chefe da Polícia, Maymun o cortesão; Abu 'Izza, o tolo, Umm 'Izza a sua esposa, "Izza a sua filha, 'Urqub o seu criado; Comerciante Chefe e Shaykh Taha; 'Ubayd e Zahid. Os actores entram como um grupo de actores de circo, com movimentos ágeis e acrobáticos. Eles assumirão formações estilizadas que correspondem a várias partes do Prólogo. O Chefe Comerciante e o Shaykh Taha ficam num canto a puxar cordas de fantoches. Ubayd e Zahid separados do grupo. Eles estão a dirigir o jogo.
> Ubayd (Gritar para ser ouvido): Isto é um jogo!
> Abu 'Izza: Isto é um jogo.

Rei: Nós somos os jogadores ...

(Prólogo, p. 1)

Além disso, o trabalho de 'enquadramento' desta peça tem duas funções adicionais: primeiro, faz com que os eventos e as personagens introduzidas a partir dos pontos de vista de Zahid e 'Ubayd's. Em segundo lugar, mostra a personagem a desempenhar um papel num determinado conto que tem um significado profundo que deve ser transmitido ao público. Simplesmente, significa que o actor não reencarna o papel, mas que o diagnostica.

Significativamente, por estas duas funções, Wannous tenta manter o público, metaforicamente, nos seus dedos dos pés e impedi-lo de se afundar nas ilusões utópicas ou desejos livres de Abu 'Izza75 e transmitir as suas palavras didácticas directas que podem chegar à sua consciência sem qualquer mediação sentimental ou emocional. [76]

Ubayd: Nenhum rei abdica do seu trono por vontade própria.
Zahid: Nenhum rei empresta a sua coroa para se divertir.
'Urqub: Estamos a jogar ...
Executor: Um jogo que, até agora, está a progredir inocentemente.
(Terceiro Interlúdio, p.23)

No início deste 'jogo', os actores avançam para o público para clarificar os seus papéis de representação e a linha e princípios gerais do 'jogo' que é um conflito entre o 'Permitido' e o 'Não permitido'. Os 'Permitidos' são representados pelas personagens do público, enquanto que os 'Não Permitidos' são representados pelas personagens da autoridade. O conflito entre estes dois grupos é o núcleo deste jogo; é aplicável ao reino onde os "proibidos" são muitos, e mesmo inumeráveis, e os únicos "permitidos" são sonhos que nunca devem ser transformados em realidade. [77]

Executor: Exactamente! Em igual medida: segurança em igualdade; segurança
em equilíbrio.
'Urqub: Sonhar ...
Executor: Permitido.
'Urqub: Para fantasiar ...

74

Executor: Permitido.
'Urqub: Sonhar ...
Executor: Permitido ... mas com cuidado!
'Urqub: Deixar o sonho tornar-se realidade ...
Executor: Não permitido.
'Urqub: Ou "Urqub": Ou "Fancy" torna-se um motim ...
Executor: Não permitido.
'Urqub: Ou os sonhos colectivos tornam-se acção ...
Executor: Não permitido.
'Urqub: Esse é o bom e velho destino do nosso grande Estado soberano
    estabeleceu-se a: pode e não pode em
    igual medida.

(Prólogo, p.2)

As pessoas são chamadas a acreditar que "em igual medida: segurança em igualdade; segurança em equilíbrio", mas na realidade não há equilíbrio ou equilíbrio neste conflito entre o permitido e o proibido, uma vez que o grupo de autoridade tem tudo, enquanto o público não tem nada. Este conflito que é o maior em *O rei é o rei*, é o aspecto essencial da nossa vida; o conflito entre os pobres (classe baixa) e os ricos (classe alta) que só pensam em como se entreterem, já que não precisam de nada, exactamente como o rei deste reino que não se lembra dos seus súbditos mas apenas quando está aborrecido e procura meios de diversão e entretenimento.

> Rei: Porque há alturas em que isso me diverte. Quando ouço os pequenos problemas do povo, quando vejo as suas idas e vindas em busca de um centavo ou de uma boca cheia de comida, fico sobrecarregado com uma sensação de prazer astuto.   As suas vidas fedorentas são mais interessantes do que qualquer coisa que um bobo da corte possa imaginar ou inventar.
>
> (Sc.1, p.7)

Além disso, o grande conflito desta peça, ou deste jogo, é acompanhado por outros menores, tais como o conflito entre Abu 'Izza e al-Shaykh Taha e o

75

Mercador Chefe, e o conflito entre 'Izza e 'Urqub que anseia ganhar o seu coração. Mas o conflito que paralisa o maior é o conflito entre os revolucionários, Zahid e 'Ubayd e a classe dominante. Como comentário sobre este conflito e as suas figuras em particular, alguns críticos dizem que Wannous condiciona as personagens de Zahid e 'Ubayd e coloca-as em capacidades limitadas, uma vez que ele costumava concentrar-se no que é passivo e obscuro, e introduzir obras pessimistas. Na verdade, construir toda a peça, ou este conflito em particular, sobre este estilo não é uma questão de desejo individual ou um hábito dramático, mas sim uma questão relacionada com a crença de Wannous de que o seu público aprenderá muito com a coisa passiva. Ele não quer dar "uma consciência pronta", mas sim construí-la através da execução do que é passivo ou negativo. Na realidade, é bem conhecido que o homem pode aprender melhor com o "errado" do que com o "certo". Este facto tem-se reflectido indirectamente em *O Rei é o Rei*. [78]

> Umm 'Izza: Isto é um jogo, e eu tenho a minha parte. Mas será que aprendi alguma coisa? Sim ... talvez tenha aprendido que todos eles fazem parte de uma e da mesma família ... Mas e depois?
> Executor (*Agitado e fraco*): Neste jogo fui simultaneamente participante e vítima. O rei levou o meu machado, e eu tornei-me pó, uma simples sombra ... O que pode o pó ou uma sombra aprender?
> (Epílogo, p.40)

Simplesmente, Wannous não quer mostrar que o público é fraco, ou passivo, ou incapaz de mudar a sua dura realidade, façam eles o que fizerem. Pelo contrário, ele quer que eles percebam porque é que a multidão de Zakaria não pôde pedir ao rei para matar ou conter o seu elefante. Por esta razão, ele faz com que os actores quebrem a quarta parede (cortina)[79] no final da peça e dêem um passo em frente perante o público e dirijam-se directamente a eles, utilizando declarações vigorosas e um estilo interrogativo giro.

> Todos: Isto foi um conto.
> Actor5: E nós somos actores.
> Actor3: Actuámos para que nós, juntos, o fizéssemos,
> aprender uma lição.
> Actor7: Sabe agora porque existem os elefantes?
> Actriz3: Sabe porque é que os elefantes se multiplicam em
> os seus números?
> Actor5: A nossa história, no entanto, é apenas o começo.
> Actor4: Quando os elefantes aumentam em número
> começa outro conto.
> Todos: Um conto sangrento e violento.
> e noutra noite, nós
> todos actuarão então essa história.
> (4 Em A Presença do Rei-p.24)

Com o emprego de tais questões predatórias e a apresentação de uma tal espécie de fim aberto, Wannous alarga o âmbito da peça e dá pistas de esperança que na realidade foram criadas mais cedo pela decisão da multidão de enfrentar o rei. A peça pode ser descrita como um trabalho optimista que depende do tipo de "horizonte aberto" a que conduz. [80]

Um fim tão esperançoso e optimista que transmite a lição moral é também utilizado para servir outros fins, ou seja, para sugerir o caminho ou a solução que pode ser escolhida pelos revolucionários, como Zahid e 'Ubayd e o público também, para acabar com os seus sofrimentos:

Todos tiram trajes de personagem e começam a revezar-se
> *Falando nas seguintes linhas. As vozes erguem-se, e finalmente*
unem-se.

> A história conta
> De um grupo que se fartou
> Com a miséria, a fome e a injustiça.
> Entraram numa fúria furiosa.
> Massacraram o seu rei

E comeu-o.
No início
Alguns tinham dores de estômago
E outros ficaram doentes.
Mas depois de algum tempo recuperaram
E sentou-se para desfrutar da vida
Sem máscaras ou disfarces,
Sem máscaras ou disfarces.
(Epílogo, p.41)

Acabar com o sofrimento e remover o sistema de disfarce que afecta até as relações familiares apontam para o momento que foi esperado por todos os habitantes deste reino. Este momento virá certamente e não está longe, como Wannous denota pela sua repetição no final e nas claras declarações expressivas de 'Ubayd e Zahid':

Ubayd: Temos de esperar pelo momento: nem um segundo também cedo ou demasiado tarde.
Zahid: Este momento certo - está mais perto agora do que antes?
'Ubayd: De qualquer forma, não pode estar muito longe ...
(Epílogo, p.40)

Enquanto Zahid e 'Ubayd esperam por um momento que realize os seus sonhos, os árabes também esperam o momento que liberte a terra palestiniana e acabe com as catástrofes do povo árabe. Todos os árabes esperam realizar este sonho, e Wannous é aquele que borda o seu *The Rape* por muitas referências esperançosas. Ele mostra a continuação da luta através de gerações, e torna o soldado israelita que viola a mulher de Ismael, Dalal, impotente.

Doutor: O que tinha acontecido não pode ser corrigido. Não se pode devolver a essa mulher a sua dignidade ou àquele pobre homem   a sua masculinidade, pelo que a sua masculinidade também foi despojada. É um paradoxo estranho, mas é a verdade ... mas ...
Yitzhak: continuar doutor.
Doutor: Nada ... Não posso acompanhar o seu estado. Tinha de pagar um custo caro para o que fez.

(The Book of Prophecies, p.55)

Através do emprego de tais referências esperançosas, ricas de vocabulário selectivo e enérgico, Wannous pretende revelar muitos factos que podem incitar a audiência a pôr fim ao conflito israelo-árabe, e a pôr fim ao conflito interior de Wannous representado em O Livro do Fim por uma conversa directa entre o personagem de Saadallah Wannous e o personagem do Dr. Abraham Manuhin. [81] Esta conversa revela o que sobrecarregou Wannous ao longo da sua vida: os sistemas governantes árabes não são menos cruéis, brutalidade e despotismo do que o israelita. Em segundo lugar, os árabes têm de decidir como destruir os "sionistas árabes" antes dos "israelitas", a fim de serem uma entidade forte que pode derrubar o poder israelita.

Doutor: Ok...e as prisões? Concentre-se em
o que acontece aqui nas prisões, e você
ignorar o que acontece nas prisões
árabes.
S. Wannous: sim senhor...a honestidade deve ser mútua. E
Devo confessar que as prisões do nosso banco
não têm mais misericórdia ou menos brutalidade. Mas
pensa que estes sistemas e as suas prisões
representam-nos ou estão ocupados com o caso
do nosso conflito com Israel?
Não...senhor...o nosso problema é duplo. E para o
sionismo,
agora tem a sua expansão no actual árabe
sistemas. Aqueles que se rendem aos Ma'er's Israel,
aqueles que se rendem que se preparam para
rendição, aqueles que reprimem o seu povo e fogem
sobre eles, e aqueles que saqueiam a riqueza de
país e espalha-los, todos eles são alguns dos
Expansões sionistas em corpo árabe. O dilema
no nosso banco é complexo e a existência fora dele dem
-e duro e composto de lutas.
(O Livro do Fim -pp.107-8)

"Luta dura e composta" é o que Wannous pretende criar dentro do público árabe, e por causa disso emprega várias técnicas cuja principal é o contexto religioso que pode ser um forte incentivo. De facto, pelo contexto religioso não

79

se entende o emprego da linguagem assustada de Holly *Koran* que é invocada, como dizem alguns críticos, para racionalizar a peça82 como em *O Elefante, Vossa Majestade: "*Não há poder ou força senão em Deus" (1: A Decisão, p.1) ou em *O Rei é o Rei*: "Deus é grande" (Escr. II, p.18). Pelo contrário, é uma representação de certas falsas reivindicações religiosas que declinaram com o passar do tempo. Os judeus afirmam que são o povo favorito (escolhido) de Alá. Agora é repetida de forma indirecta nesta peça pela mãe que tenta recapturar algumas ideias da Torá e do Antigo Testamento no seu discurso que descreve a sua relação com Ma'er, dizendo: "Ele ama-me como Deus ama Israel" (The Book of Prophecies, p.92) Esta declaração é suficientemente justa para comover a audiência e recordar-lhes os seus avós que lutaram arduamente e alcançaram a vitória nas suas guerras contra os judeus.

Na verdade, a adição de tal sabor religioso com várias técnicas leva a criar uma peça política e didáctica poderosa e afiada cujas personagens já não são meras trombetas para as ideias de Wannous. Tornam-se mais indivíduos, mais cristalizantes e provam a sua vida no mundo da realidade de forma distinta e forte. Mostram a sua vontade expressiva que aprofunda a existência e os torna realistas no sentido pleno da palavra. Este tipo de caracterização também influencia os outros elementos dramáticos da peça, tais como o tempo, que é muito mais rápido do que os anteriores. [83] Mas isto não significa que seja maturador do que o seu predecessor, uma vez que a excelência da arte não se desenvolve de acordo com a teoria biológica da génese e ascensão, mas depende da inter-relação do artista com a sua realidade. [84]

Na verdade, na década de 1990, Wannous já não suporta a dor dos crimes dos israelitas contra os árabes, pelo que quebra as barreiras e pronuncia a sua voz interior em voz alta, como em *A violação*: "pela primeira vez sinto-me livre na minha escrita"; [85] a liberdade de expressar a situação e a fidelidade em reflectir os factos foram sentidas não só nas suas peças, mas também nos seus discursos proferidos em celebração pública.

Israel roubou a minha idade, desperdiçou muitas das minhas capacidades e fez-me viver numa época em que falar da beleza de uma árvore é um crime, porque significa o silêncio sobre muitos crimes.... Creio que Israele dizê-lo literalmente e não metaforicamente, roubou os belos anos da minha vida, e estragou para um homem que viveu cinquenta anos, grande parte da alegria, e desperdiçou grande parte das suas capacidades. [86]

Viver em décadas de opressão cuja autoridade cruel pede ao público uma obediência cega e indefesa estimula Wannous a concentrar-se no problema "governante" e na sua relação com a prosperidade, democracia, e liberdade. Ele também segue a mesma fórmula da inter-relação: o público, a arte, e o artista, e a sua interacção como uma só unidade. Mas esta fórmula pode tomar outra forma em algumas peças como as seguintes: o governado (povo), o governante (autoridade) e o educado (a classe iluminada): cada um nesta fórmula é inseparável dos outros dois. [87]

No que diz respeito ao público, Wannous não os vê como uma mera multidão de fantasmas que se livram da monotonia do salão, mas sim como os principais determinantes do seu conteúdo e forma teatral. [88] Eles são uma multidão de palco de vida em si, e ele está consciente dos seus vários contextos sociais e culturais. É o seu conhecimento do seu sofrimento que o estimula a revelar o véu da face da autoridade e a sacudir a sua máscara que esconde a verdadeira face; qualquer que seja a sua natureza política, religiosa, económica, ou civil. Em *O Rei é o Rei,* Wannous revela indirectamente as realidades deste tipo de autoridades representadas nas personagens do Rei, Vizier, Sheikh Taha, o Comerciante Chefe, e o Chefe da Polícia.

Shaykh Taha e Merchant (Juntos): Nós, do púlpito e do souk, /
                        Segurar o fio e o gancho.

Shaykh Taha: Uma corda para a ralé ...
Comerciante: Outro para o comércio e culturas ...
Shaykh Taha e Merchant: E um terço para palácio, rei, e política.
Nós, do púlpito e do souk, / seguramos o
fio e gancho.
(Prólogo, p.4)

Na verdade, a interacção entre estas duas cabeças: a audiência (pessoas) e a autoridade leva a criar o papel da terceira, a educada.

Os educados são as personagens que são empregadas na maioria das peças de Wannous para serem a representação da consciência viva de Wannous e peças da boca para ele. Isto não significa que cada personagem educado que é empregado possa ser medido a esta bitola, uma vez que ele também introduz o falso educado que vende os valores e conspira sobre os princípios em nome de um presente falsificado, pseudónimo ou roubado. [89] O verdadeiro homem educado que Wannnous pretende apresentar no palco da vida e não apenas no seu palco teatral, é um executor eficaz que realiza reformas e mudanças, e não um mero observador de mudanças. [90] Na verdade, Wannous pretende que o seu educado seja rebelde e compreenda bem o que Albert Gamus quer dizer "o rebelde é uma das dimensões essenciais do homem e é o seu facto histórico"[91] Naturalmente, o rebelde conduz à revalorização e é a isto que Wannous pretende. [92] Em palavras mais precisas, Wannous quer que o seu educado seja Prometeu que desafia os deuses e alcança a sua própria vontade. [93]

A criação de uma figura Prometeu e a criação de um teatro distinto que satisfaça as necessidades peculiares de um público árabe é uma ambição complexa para a qual Wannous alarga os seus conhecimentos teatrais a partir de diferentes tendências da literatura árabe e ocidental. Ele trabalha arduamente na introdução do teatro árabe cuja ideologia é "educar as massas",[94] mas não como um mero embelezador cultural cuja existência é necessária para fazer da

82

sociedade uma sociedade moderna. Este ponto de vista foi afirmado por Wannous ao dizer:

> O teatro não pode ser eficaz numa sociedade se evitar questões sociais, políticas e económicas... Nenhum teatro deve ficar sem ideologia a menos que [queira] ser eficaz na sociedade. [95]

Este tipo de ideologia é suficientemente justa para criar um teatro poderoso que clama pela vida e se desenvolve dia após dia para abalar a tranquilidade do seu público, e excitar a sua consciência como se estivesse carregado de electricidade. [96] Mas na realidade, Wannous nas suas peças mistura tal tipo de ideologia vital com teatralidade especial que requer um público especial cuja imaginação é tão ampla como o horizonte. [97]

Tal tipo de exigência está relacionada com o balanço de Wannous entre a narrativa e o estilo descritivo, entre o uso de "à parte" e "monólogo", entre a linguagem padrão e coloquial, e principalmente com a sua tentativa de quebrar as barreiras que se encontram entre as quatro dimensões do drama: tempo, lugar, homem, e linguagem. [98] A quebra destas barreiras permite-lhe criar uma certa harmonia entre ou dentro das massas de coisas contraditórias que se encontram nas suas peças. Ele mistura entre "veracidade" e "falsidade", medo e ousadia, fabricação e verdade, heroísmo real e falso, velho e novo, imagem e realidade, riqueza e pobreza. [99] Este aspecto de contradições que é o princípio básico na peça de Wannous e também na vida do homem moderno faz com que "a sua leitura seja uma leitura horizontal e vertical que as três dimensões do tempo, passado, presente e futuro, são encontradas em ". [100] Por outras palavras, na peça de Wannous, o homem moderno vive a sua realidade numa esfera condensada refinada e ouve a sua história que é narrada por um diálogo objectivo.

É nisto que Wannous está interessado: ele está independentemente do tipo de género que a sua peça possa representar: como uma tragédia ou uma comédia obscura ou outra coisa qualquer. Ele não respeita os princípios aristotélicos de uma peça bem feita ou a matriz dramática tradicional: em cada peça ele mostra um novo método. *O Elefante, Vossa Majestade* tem um prólogo e um epílogo e a sua acção reflecte-se em quatro episódios, enquanto que os acontecimentos de *O Rei É o Rei* são reflectidos por muitas cenas cuja sequência é interrompida por interlúdios e cada cena (interlúdios) é precedida por um letreiro que traz um título que denota um resumo preciso da acção. Mas em *The Rape* Wannous não usa nem cenas nem episódios, e constrói-o num novo método que toca o património religioso e teológico. Consiste em livros: o Livro das Dores Diárias, o Livro das Profecias, e o Livro do Fim, e começa com um Canto de Abertura. [101] Por outras palavras; Wannous verifica a estrutura dramática das suas peças.

Várias estruturas foram aplicadas às três peças de teatro de Wannous que são construídas sob a forma de montagem[102] e o aspecto de se basearem num conto emprestado. Na verdade, tanto em *O Elefante, Vossa Majestade* e *O Rei é o Rei* Wannous pediu emprestado o seu material "à fonte congelada do passado e fê-lo mover-se num rio veloz do presente". [103] Faz isto por duas razões: primeiro para mostrar a relação entre tradição e modernidade,[104] a relação pela qual testemunha que a aplicação do "árbitro livre" ameaça inevitavelmente o dogma, quer no passado quer no presente. [105] Em segundo lugar, quer empregar o folclore pelo seu poder de sabedoria que traz uma esperança para o futuro e não para causas formais ou para a compensação da civilização e da falta cultural. [106] Ele diz que o folclore no nosso movimento tem outro valor e uma tarefa diferente. Na medida em que se mistura com o conteúdo que atinge os ouvidos do público da melhor maneira, pode ser beneficiado e empregado. [107]

Mas *A Violação* foi construída sobre o modelo de Antonio Bojero Bajakho's *The Dual Story of Doctor Balmy*. [108] Isto não significa que Wannous seja um parasita ou um dramaturgo pouco criativo que não seja capaz de criar novas ficções; pelo contrário, ele acredita que a introdução de um conto já conhecido permitirá ao público analisar os acontecimentos que reflectem as suas próprias visões contemporâneas. [109]

Em resumo, Wannous acrescenta uma parte preciosa e um rico legado ao mundo do teatro que, na sua opinião, é apenas mais do que uma arte, é um fenómeno cultural complexo; onde o mundo o perderia ou não o teria, tornar-se-ia mais solitário, mais feio e mais pobre. [110] O apelo a uma defesa do teatro e também da cultura e o objectivo de transformar a "palavra-utterância" em "palavra-agir" tinha permanecido para ser a sua maior obsessão até à sua morte, a 15 de Maio de 1997, de cancro, uma doença a que tinha resistido durante cinco anos. [111]

NOTAS

[1] Khalid Abdul-Lateef, *Maserah Saadallah Wannous: Dirassa Faniya (Teatro de Saadallah Wannous: Um Estudo Artístico)* Uma Tese de Mestrado não publicada, (Univ. do Cairo, Colégio de Artes, 1984), p.10.

[2] Abdul-Rahman Jaghi, *Saadallah Wannous wa Al-Maserah* (*Saadallah Waanous e Teatro*) , (Damasco: Al-Ahali, 1998), p.15.

[3] Abdul-Lateef,p.10.

[4] "Saadallah Wannous" www.damascus-online.com acedido em 26-8-2005.

[5] Ali Diab, ." Saadallah Wannous Fi Thiikra Rehelleh Al-Sabea'a" (Saadallah Wannous no seu 7° Aniversário). www.kefaya.org acedido em 5-1-2005.

[6] Manal A. Swairjo, "Saadallah Wannous": A Life in Theatre" in *Aljadid* Vol.2, no.8, Junho de 1996.

[7] Fatme Sharafeddine Hassan, "Wannous Perspective on Theatre": A Balance between Nationalist Tradition and Universalism" in *Aljadid* Vol.2, no.8, Junho de 1996.

[8] Swairjo.

[9] Ibid.

[10] O existencialismo é uma teoria filosófica que enfatiza a existência do indivíduo como um agente livre e responsável que determina o seu próprio desenvolvimento.
Julia Swannell(ed.), *The Oxford Modern English Dictionary*, (Oxford University Press Inc. 1992) s.v. "existencialismo".

[11] Abdul-Lateef, p. 32.

[12] Hassan Atia "Al-Wa'ai Al-Tarekhi wa Me'adlet Al-Mothequf- Al-Selta fi A'amal Wannous Aneyat Al-Waqa'a" (A Consciência Histórica e a

Diacatomia dos Educados. Autoridade em Wannous's Works Are Current Incidents) em *Fisool: Majelat Al-Naqed Al-Adebi* (Seasons: *The Literary Criticism Magazine*) vol.16, no.1 (Egypt: The General Egyptian Institution of Book, Verão de 1997), p.345.

[13] Isma'iel Fahid, *Al-Kalema-Al -Fea'al fi Maserah Saadallah Wannous(The Word- Act in Saadallah Wannous's Theatre*) (Beirute: Dar Al-Adab, 1981), p.87.

[14] Abdul-Lateef, pp. 32-33.

[15] Ibid., p.65.

[16] Ibid. p.73.

[17] Swairjo.

[18] Abdul-Lateef, p. 13.

[19] Átia, p. 357.

[20] Hassan

Peter Weiss é um dramaturgo alemão que é agora um sueco naturalizado. Além disso, ele é também autor de alguma ficção experimental e realizador de vários" filmes de vanguarda". Mas o seu sucesso internacional é alcançado em 1964, após a representação da sua primeira peça de longa-metragem, *A Perseguição e Assassinato de Marat, tal como interpretada pelos reclusos do Asilo de Charenton sob a direcção do Marquês de Sade.*

John Russel Taylor, *The Penguin Dictionary of the Theatre* (Londres: Methuen COL TD ,1967), s.v. "Weiss, Peter".

[21] Abdul-Lateef, pp.83-84.

[22] Ibid., p.104.

[23] Citado por Fahid, pp. 183-9.

[24] Jaghi, p.46.

[25] Ibid., pp.45-47.

Além disso, Brenardourt tem uma posição especial no mundo do teatro, como membro do comité de teatro das nações, e do comité do Festival de Nancy, e também trabalha na revista de *Literatura Francesa*. Estando em tais posições, ajudou muito Wannous e facilitou muitas dificuldades que tinha enfrentado Wannous no seu campo teatral, em França.

Abdul-Rahman Jaghi, *Saadallah Wannous wa Al-Maserah* (*Saadallah Waanous e Teatro*) , (Damasco: Al-Ahali, 1998), p.27.

[26] Quated by Abdul-Lateef, p.22.

[27] "Saadallah Wannous" www.damascus-online.com acedido em 26-8-2005.

[28] Citado em Jaghi, p.25.

[29] Abdul-Lateef, p.27.

[30] Hanaa Abdul-Fataah, . "Wannous Cama Rayeteh" (Wannous as I saw Him) em *Fisool: Majelat Al-Naqed Al-Adebi(Seasons: The Literary Criticism Magazine*) vol.16, no.1 (Egipto: The General Egyptian Institution of Book, Verão de 1997), p.411.

[31] Na verdade, o ano 1969 é a data da declaração do Teatro da Politização, mas não o seu verdadeiro nascimento, uma vez que a voz política existia dentro da mente de Wannous muito antes. Desde o início da sua vida, a sua mente é absorvida pelas ideias políticas e particularmente as de Jamal Abdul-Naser.

Khalid Abdul-Lateef, *Maserah Saadallah Wannous: Dirassa Faniya(Teatro de Saadallah Wannous: Um Estudo Artístico*) uma tese inédita da M. A. (Univ. do Cairo, Colégio de Artes, 1984), p.21.

[32] Jaghi, p.25.

[33] Citado em Swairjo.

[34] Abdul-Lateef, p.26.

[35] Swairjo.

[36] Jaghi, p.25.

[37] Átia, p.340.

[38] Citado em Ibid.

[39] Youssef Rakha é um actor, realizador, dramaturgo e um dos prolíficos pioneiros do teatro árabe. Youssef Rakha, "Stages of Development" semanalmente.ahram.org.eg. acedido em 7-7-2005.

[40] Youssef Rakha, "Stages of Development" semanal.ahram.org.eg. acedido em 7-7-2005.

[41] Abla Al-Rewani, "Al-Swoall al-Democrati fi Mashroa' Saadallah Wannous" (A Questão Democrática no Projecto de Saadallah Wannous) em *Fisool: Majelat Al-Naqed Al-Adebi (Seasons: The Literary Criticism Magazine)* Vol.16, no.1 (Egipto: The General Egyptian Institution of Book, Verão de 1997), p...

[42] Saadallah Wannous, *O Elefante, Vossa Majestade* em www.media.edu. Acesso em 13-7-2005,(1: A Decisão, p.12).

[43] Mahmoud Al-Mashaekh, "Al-Maserah Al-Hadeeth anda Saadallah Wannous (Teatro Moderno para Saadallah Wannous) em *Al-Aqlam: Sahefa Thaqafya Shahrya (The Pens: A Monthly Cultural Journal)* vol. xv, no.6 (Bagdad: Dar Al-Hurriya, Março de 1980), p.91.

[44] Na verdade, Wannous introduz diferentes tipos de medo que acompanham o maior, que é o medo do povo do rei tirânico. Ele reflecte o medo do indivíduo dos próximos dias que pode roubar os seus filhos, propriedades, casas, e mesmo os seus anos. Por outras palavras, eles temem o que o destino lhes esconde. "Já não há segurança, já nada é seguro./ Se as coisas continuarem assim, cada um de nós acabará por chorar o seu filho, ou será lamentado pela sua família" (*O Elefante, Vossa Majestade*: A Decisão, p.8).

[45] *As Noites Árabes* ou o que se chama o Livro das *Mil e Uma Noite* é o tesouro árabe cujos contos são peças de teatro que necessitam de dramaturgos criativos. Na verdade, este livro atrai a atenção de Wannous, tal como muitos outros, devido à sua mistura de histórico e não-histórico, realidade e imaginação, e homem e demónio. Além disso, neste livro o comandante, bem

como o comandado, pode ser o herói do conto e também carrega todas as características dos árabes encontradas através da história.

Khalid Muhil-Dean, *Khasoseit Al-Maserah Al-Arabi (The Specialty of Arab Theatre)*,(Damasco: The Union of Arabic Writers, 1986), p.384.

[46] Rekardous Youssef Ibrahim, . *Ather Alef Lyela wa Lyela fi Al-Nas Al-Maserahi Al-Arabi min 1975-1985 (The Traces of The Arabian Nights in the Arab Dramatic Text from 1975-1985)* M A. Thesis, (Univ. de Bagdade, Faculdade de Belas Artes, 1989), pp168-169.

[47] Fahid, pp.168-169.

[48] Jaghi, p.71.

[49] Ibid., pp. 169-170.

[50] Citado em Átia, p. 348.

[51] Abdul-Lateef, p. 135.

[52] Saadallah Wannous, *The King Is the King*, em *Modern Arabic Drama: Uma Antologia*. Trans. e ed. By Roger Allen and Salma Khadra Jayyusi, (Bloomington: Indiana Univ. Press, 1995), (Fourth Interlude, p.34).

[53] Jaghi, p. 108.

[54] Ibid., p. 109.

[55] Fahid, pp.176-177.

[56] Abdul-Lateef, p. 114.

[57] Saadallah Wannous, *The Rape* trans. by Nezar Andary e Osama Isber in *Al Jadid* vol.3, no.15, Fevereiro de 1997, (The Book of Daily Sorrows, p.21).

[58] Abu Hajef, *Al-Maserah Al-Arabi Al-Ma'aser*, p.164.

[59] Wannous apresenta os acontecimentos de *A Violação* pelo emprego de dois narradores, um israelita e o outro palestiniano. Ambos, porém, são autocríticos e as suas duas histórias entrelaçam-se e trocam desenvolvimentos. Fá-lo de modo a permitir ao público ver os acontecimentos de dois pontos de vista diferentes, e apresentar os factos de forma objectiva.

Abdullah Abu Hajef, *Al-Maserah Al-Arabi Al-Ma'aser: Qathia, Rowa, wa Tajarb(The Contemporary Arab Theatre: Affairs, Premeditations, and Experiments)*. (Damasco: The Union of Arabic Writers, 2002), p.168.

[60] Abdul-Lateef, p.114.

[61] Abdul-Fataah, p.407.

[62] Jaghi, p.72.

[63] Abdul-Lateef, p.143.

[64] Fahid, p.7.

[65] Abdul-Lateef, p.143.

[66] Ibid., p.146.

[67] Ibid., p.146.

[68] Jaghi, p.86.

[69] Ibid., p.88.

[70] Fahid, p.95.

[71] Abdul-Lateef, p.128.

[72] Jaghi, pp.101-105.

[73] Ibid., pp.105-107.

[74] Fahid, p.203.

[75] Jaghi, p.107.

[76] Fahid, p.203.

[77] Ibid., p.173.

[78] Jaghi, p.31.

[79] Abu Hajef, *Al-Anjaz wa Al-Ma'anat*, p.243.

[80] Jaghi, p.32.

[81] Jaghi, p.139.

[82] Chikako Sassa" 'Elephant' Invade Tanto o Infinito como a Sociedade". www.tech.mit.edu acedido em 4-9-2005.

[83] Citado em Swairjo.

[84] Avaliado por Elie Chalala, "Generations of Catastrophe" (Gerações de Catástrofes): The Palestinian Problem at Half a Half a Century" em *Aljadid*. Vol.4, no.23, 1998.

[85] Átia, p.347.

[86] Jaghi, p.18.

[87] Salieman Isma'iel, " Saadallah Wannous: Rajel Al-Maserah Al-A'almi" (SaadallahWannous: O Homem do Teatro Internacional). www.almooftah. Acesso em 25-3-2006.

[88] Ibid.

[89] Youssef Abdul-Maseeh Tharwat, *Dirasaat fi Al-Maserah Al-Ma'aser (Estudos em Teatro Contemporâneo)*. (Bagdad: Dar Al-Nahdha, 1985), p.29.

[90] Ibid., p. 36.

[91] Átia,p.348.

[92] Hassan.

[93] Citado em Ibid.

[94] Jaghi, p.20.

[95] Ibid., pp.84-85.

[96] Ibid., p.85.

[97] Mahmoud Amen Al-Aalm, *Al-Wajeh wa Al-Qanaa fi Maserahena Al-Arabi Al-Ma'aser (The Face and the Mask in Our Contemporary Arab Theatre)*,(Beirute: Dar Al-Adab, 1973), p.211.

[98] Hazam Nahir, " Saadallah Wannous: Malhamet Sera'a Bein Al-Hayat wa Al-Mout" (Saadallah Wannous: Heroic Conflict Between Life and Death) www.rezgar.com acedido em 16-2-2006.

[99] Isma'iel.

[100] Yasser Al-Jhayem "S. Wannous in a Ph.D Thesis" em *Síria Tempos: Revista diária* em 4-7-2005.

[101] Citado em John Bergeron(trans) "Saadallah Wannous 'Metamorphoses' Staging Taboo Issues on a Damascus Stage" www.qantara.de acedido em 1-9-2005.

[102] Abdullah Abu Hajef, *Al-Anjaz wa Al-Ma'anat: Hader Al-Maserah Al-Arabi fi Síria (The Achievement and Suffering: O Presente do Teatro Árabe em Síria)* ,(Damasco: The Union of Arabic Writers, 1988), p.29.

[103] Alaa Al-Lami "Isteleham Al-Tareekh fi Masraehyat Saadallah Wannous "(A Inspiração da História nas Peças de Saadallah Wannous). http://www.syria-today_drama . Acesso em 3-2-2006.

[104] "The World, This 'Coarse Joke'" www. mond-diplomatique.fr acedido em 12-3-2006.

[105] H.Kassab Hassan e Rania Samara, "Power Plays or Sex Cases, It Is Always the Personal Fredom which Is Concerned In the Two New Parts of the Syrian Saadallah Wannous"www.imeda.net acedido em 5-2-2006.

[106] Swairjo.

[107] Citado em Jaghi, p.19.

[108] Abdullah Abu Hajef, *Al-Maserah al-Arabi Al-Ma'aser: Qathia, Rowa, wa Tajarb (The Contemporary Arab Theatre:Affairs, Premeditations, and Experiments)*. (Damasco: The Union of Arabic Writers, 2002), p.149.

[109] Abdul-Lateef, p.123.

[110] Jaghi, p.125.

[111] Quated by Elie Chalala, "Saadallah Wannous Calls for Restoration of Theatre, The 'Ideal Forum' for Human Dialogue" in *Al Jadid,* Vol.2, no.8 de Junho, 1996.

CAPÍTULO TRÊS

BRECHT E WANNOUS: TERRENO COMUM DE DOIS TEATROS

Ao longo dos anos desde a sua morte, Brecht tem sido de facto um tópico para um número tremendo de estudos académicos que comparam os seus dramas com outras fontes de excelência: Brecht e A Bíblia (Murphy), Brecht e Shakespeare (Symington), Brecht e Kippling (Lyon), e Brecht e o teatro chinês (Berg-Pan). [1] Sem dúvida, tais estudos, quer argumentem elementos de semelhanças ou diferenças, quer aspectos de originalidade e influências, ilustram a verdade da riqueza do legado brechtiano. O lugar de Brecht na Pátria Árabe ocupa um amplo espaço, especialmente se tivermos em conta a época em que Brecht foi apresentado ao público e ao leitor árabes. A era árabe pós guerra estava madura para o teatro de Brecht em termos políticos, intelectuais e sociológicos.

"Não podemos falar do teatro de Wannous sem traçar Brecht" diz Isma'iel Fahid, porque as suas experiências "excepto por alguma singularidade da arte", são quase iguais. [2] O olhar atento de um observador crítico irá certamente mostrar as peças de Wannous, particularmente *O Rei é o Rei* parecido com o drama épico de Brecht. [3] Na verdade, o reflexo dos elementos do teatro épico de Brecht nas peças de Wannous deve ser atribuído ao facto de Wannous achar que as suas próprias atitudes são ecos de Brecht, e sente que pela adopção dos princípios do teatro épico ele pode satisfazer a necessidade da sua própria sociedade e também da sua arte. [4]

94

Politicamente, apesar dos maus resultados da guerra, também permitiu ao leitor árabe familiarizar-se com as culturas e literatura ocidentais devido aos contactos viabilizados pelos anos 50: as relações culturais cruzadas foram necessariamente os resultados que o leitor árabe se viu confrontado, embora sem querer, aprovando muitas das estruturas culturais, em parte devido aos contactos directos, bem como através das traduções dos legados literários do Ocidente.

As peças de Brecht tornaram-se, de facto, uma fonte de interesse para um grande número de intelectuais que abraçaram as suas filosofias, bem como as suas técnicas dramáticas. Os dramaturgos árabes do período tinham estado em busca de formas e estilos dramáticos que pudessem expressar fielmente as crises do homem sob novas condições de vida e política. É por isso que estavam interessados nas experimentações de várias e variadas formas e escolas. Brecht ocupava realmente um lugar de destaque: muitos dramaturgos acharam-no apto a cumprir os seus objectivos; assim, Wannous não foi, contudo, uma excepção.

O interesse de Wannous por teatro épico deriva do facto de que o teatro épico não é apenas uma mera substância progressista política e social que lida apenas com a realidade científica e prática, mas é também um estilo artístico técnico complexo cujos instrumentos especiais se destinam a ensinar voluntariamente ao público e a alcançar a transformação necessária na sua consciência. [5] Sem dúvida, a "missão bem definida de Wannous para o teatro que muda o mundo em vez de simplesmente o explicar" depende fortemente de Brecht. [6]

Wannous junta-se a Brecht na rejeição da catarse aristotélica que é um tipo de "ópio das massas", uma vez que o seu objectivo, tal como o de Brecht, é instruir e proporcionar uma aprendizagem real sobre a fonte do sofrimento humano que é apresentada no teatro épico de Brecht como "algo que pode ser mudado através da transformação social das instituições políticas"[7] e não como uma parte "inescapável" da condição humana como no teatro de Aristóteles. Este emprego no teatro político de Brecht é semelhante à voz aguçada, barulhenta, dogmática, didáctica e patriótica de Wannous no seu "teatro da politização". Por outras palavras, Wannous no seu teatro de politização também realça a importância política e concentra-se na relação pessoa-autoridade, o assunto que pode ameaçar a autoridade governante árabe como Brecht faz com o regime nazi. Consequentemente, Wannous também examina os problemas sociais e morais do homem num contexto político e em cada peça do seu teatro de politização que ele aponta:

> O que quer que aconteça às pessoas é essencialmente o resultado das condições políticas, e as perspectivas de mudança estão dependentes da sua atitude em relação à situação existente. Em tal mundo, inocência, pureza e neutralidade conduzem sempre a mais frustração humana, alienação e destruição. O processo de mudança requer um esforço colectivo armado de consciência política. [8]

O principal assunto em que se baseia o teatro político de Brecht e o teatro de politização de Wannous é o sofrimento das pessoas devido à política cruel dos seus governantes injustos. É verdade que o sofrimento do homem devido à severa estratégia da autoridade é uma crise universal, mas o que tem sido feito no *Medo e Miséria do Terceiro Reich* e *O Elefante, Vossa Majestade* é único. Hitler explora os esforços do seu povo e sobrecarrega-o com impostos e direitos duros e depois alimenta-o apenas com armas. A vida insuportavelmente miserável do povo sob o domínio do Terceiro Reich não é pior do que a daqueles cujas propriedades foram alimentadas pelo elefante costeado do rei.

O Operário: .... E na leitaria dizem-me: sem manteiga hoje, camarada, queres umas armas? Eu digo, dá-me

, diz ela. Eu digo: vá lá para que queres armas
, mãe? De estômago vazio? Não, diz ela, se eu vou ter
fome eles devem ser abatidos, todos eles a começar
por Hitler no topo... Vá lá, diz eu, vá lá, exclama eu
horrorizado... Com Hitler no topo conquistaremos
Françadiz ela.

(Medo e Miséria do Terceiro Reich: Sc.3, p.16)

Zakaria: Gosta de fazer o mal como a comida.
  7° M: Todos os dias uma vítima.
  1° M: E todos os dias uma tragédia.
Zakaria: Ontem, partiu o estábulo de Isa Al-Jurdis.
     Destruiu todas as suas mercadorias e deixou-o a lamentar
     na sua falência.
  5° M: Pobre homem! A sua família vai passar fome.
Zakaria: E Abu Mohammed Hassan? Não foi
     prestes a acabar com ele?
 11° M: Se não fosse pela misericórdia de Deus, ele teria
     foi pisoteado e terminado. As suas costas estão
     inchado.
  8 M: Não deixará a sua cama durante meses.
  3° W: Acabou-se a segurança. Já nada é seguro.
 12° M: Engordei o meu cordeiro durante oito meses.
     Abullhadi,   o carniceiro, ofereceu-me oito
     madjidis turcos por   ele, mas eu não o vendi.
     Quem me dera tê-lo feito. Aquele elefante
     pisou-o como a uma pulga. Depois de ficar cheio de
     carne e gordura, veio esmagá-lo como uma pulga.

(O Elefante, Vossa Majestade: A Decisão, p.8)

Na verdade, o descuido da autoridade quanto às necessidades dos seus
súbditos torna-se um exercício natural neste mundo imundo,
independentemente dos cenários geográficos: nem o rei Gustavus Adolphus
nem o Imperador Fernando I se preocupam com o sofrimento ou a perda dos
seus três filhos; do mesmo modo, Umm 'Izza sofre muito com a injustiça sob o

reinado de ambos os reis. O verdadeiro problema com Courage e Umm 'Izza é que ambos falham em mudar como personagens, e em reconhecer o facto de que o indivíduo é o agente básico da mudança social que depende de um constante processo dialéctico e recíproco de influência e desenvolvimento entre o homem e a sociedade.

Através das personagens de Courage e Umm 'Izza, ambos os dramaturgos mantêm admiravelmente a imagem materna ocupando o ponto central nas suas peças, a fim de mostrar a realidade da sociedade moderna onde tudo tem sido explorado para atingir certos fins materialistas. A Mãe Coragem pensa apenas em como pode viver da guerra e negligenciar o seu perigo e o facto de que a guerra leva mais do que dá. Ela é exactamente como Umm 'Izza que esquece a resposta do Comerciante Chefe quando lhe pede ajuda. Ela não se preocupa com as características reais da família real cuja cabeça é o rei e um membro é o Comerciante Chefe: eles não se preocupam com nada a não ser com os seus desejos e governam. Coragem e Umm 'Izza são ambos perdedores, uma vez que negligenciam os lados negativos e medem as coisas apenas pela bitola material; portanto, Wannous emprega a figura materna brechtiana no seu *O Rei é o Rei* para reflectir os valores errados da sociedade que deveriam ser mudados. [9]

Mãe Coragem: Por vezes vejo-me a conduzir através do inferno
com o meu carro a vender enxofre, ou a
atravessar o Hea   Ven com
almoços embalados para almas esfomeadas.
Dê-me o que resta aos meus filhos, vamos
encontrar um   sítio onde não
disparem, e eu gostaria de ter
mais alguns anos sem ser perturbado.
(*Mãe Coragem*: Sc.9, p.167)

Umm 'Izza: Fui em busca de justiça, apenas para que a minha filha
se   transformasse numa mulher escrava e

o meu marido escandalizado   e envergonhado
publicamente. Se ao menos soubesse onde ele está
... Isto é um jogo, e eu tenho a minha parte. Mas tenho
Aprendi alguma coisa? Sim ... Talvez tenha aprendido
que todos   eles fazem parte de uma e da
mesma família ... Mas   e depois?
(*O Rei é o Rei*: Epílogo, p.40)

De facto, o emprego de figuras-mãe que são a criação do dramaturgo nas peças de Brecht e Wannous não é a única afinidade partilhada pelos dois textos. Wannous parte do presente para o passado da era de Al-Rasheed enquanto Brecht ultrapassa a vida na década de 1940. Alemanha e estabelece a sua peça em The Thirty Years War of the XVII century. Ambos os dramaturgos emprestam contos históricos para as suas peças como uma tentativa de se alienarem da raiva da autoridade e recapturarem algo da sabedoria dos contos históricos e tradicionais, bem como de separarem o espectador de qualquer tipo de identificação com as personagens e acontecimentos da peça. Mas a principal razão por detrás do seu regresso ao passado é mostrar ao público que a sua própria vida presente se reflecte através da imagem do passado. Por outras palavras, Wannous, como Brecht, acredita na "inevitabilidade histórica". [10]

De facto, Wannous adopta a "historificação" do teatro épico de Brecht, o "processo através do qual a 'pastosidade' dos acontecimentos é enfatizada de modo a que o público não só os possa julgar mas também ser levado a reconhecer que, uma vez que as coisas foram alteradas, as condições actuais também podem ser alteradas". [11] Esta "historificação" tem sido evidentemente reflectida com certa aplicação de uma perspectiva marxista em "O *Rei é o Rei de* Wannous", cuja trama é retirada de "O Adormecido e Desperto", um conto em *"As Noites Árabes"*. [12]

A principal razão por detrás da confiança de Wannous na história é adoptar um conto bem conhecido que permite ao público reflectir-se e assistir à acção de forma crítica, não estando ocupado em monitorizar a sequência de eventos. Isto não significa que Wannous copia o conto histórico de "The Sleeper and A

Wake" tal como ele é; pelo contrário, universaliza-o através de certas modificações como adicionar novas personagens, eventos e quebrar qualquer relação histórica com a idade de Al-Rasheed. Na verdade, Wannous fá-lo porque o seu maior interesse é o povo comum, cujos sofrimentos não terminaram com a mudança do governante porque "é a classe social que determina o curso dos acontecimentos e não o governante individual". [13] Esta é a mesma razão pela qual Brecht negligencia a concentração nos reis ou líderes da Guerra dos Trinta Anos. O mesmo objectivo está por detrás da apresentação das personagens da família real em *O Rei é o Rei*. Embora a *Mãe Coragem e os seus filhos* e *O Rei é o Rei* sejam diferentes nas suas personagens, ambas as peças são classificadas sob o termo teatro negativo aplicável a peças que carecem na existência de heróis nobres.

O Rei dos Aspirantes, tanto em *O Rei é o Rei* como em *O Elefante, Vossa Majestade* não é um herói nobre. Está privado das características de dignidade, solenidade e ambiguidade e não tem o poder extra ordinário exactamente como os deuses da parábola de Brecht, *A Boa Pessoa de Szechwan*. [14] Wannous apresenta o seu rei como uma figura trivial que se preocupa apenas com o seu prazer de gozar com o seu povo. Parece semelhante à imagem pouco convencional dos deuses de Brecht, cujos pés estão cheios de lama e que trocam linguagem quotidiana:

> Wang: ... Estão bem nutridos, não mostram qualquer tipo de emprego e têm pó nos sapatos, por isso devem ter viajado para longe. São eles! Teu para comandar, Ilustres!
> *Ele atira-se ao chão*
> O Primeiro Deus, *satisfeito*: Tem estado à nossa espera?
> Wang *dá-lhes uma bebida*: Durante muito tempo. Mas só eu sabia que estava a chegar.
> O Primeiro Deus: Temos de encontrar alojamento para esta noite. Sabe que de um?
> (*The Good Person of Szechwan*: Prologue, pp.185-186)
> Rei: Quanto mais reflectia sobre como este país não me merece, pior fica o meu tédio... Quero jogar um jogo

- um jogo cruel e vicioso. (*Pausas.*) Sim, é isso que eu quero:

Para se divertir de uma forma violenta e selvagem!

Vizier: o Vizier participará sempre nos jogos do seu Senhor com respeito   e gratidão ...

Rei: Vós? Não, não é disso que eu preciso... Eu quero algo mais violento, mais vicioso! Quero divertir-me um pouco com o país!

Com o povo!

(*O Rei é o Rei*: Sc.I, p.6)

O espanto criado pela introdução dos deuses por Brecht, que são diferentes dos que se reflectem no drama clássico ou nas Moralidades da Idade Média, é semelhante ao que surge do disfarce de Abu 'Izza em *O Rei é o Rei*. Wannous não segue as comédias dos séculos XVII e XVIII cujas tramas se baseiam na troca de papéis através da técnica do disfarce, como na *Décima-Segunda Noite de* Shakespeare. Na verdade, nas comédias dos séculos XVII ou XVIII, o príncipe mantém a sua própria personalidade de príncipe durante o seu disfarce num vestido de criado que é normalmente feito para descobrir um certo segredo ou evitar um certo perigo. Mesmo os criados não podem sair da sua posição. [15] Mas em *O Rei é o Rei*, Wannous não volta ao estilo convencional destas comédias nem mantém a sequência do conto original, "O Adormecido e o Desperto"; ele introduz o disfarce numa nova, estranha e desconhecida imagem. É inacreditável que o homem tolo, Abu 'Izza, se torne um rei e o verdadeiro rei seja levado à loucura sem que ninguém se aperceba da realidade deste disfarce, mesmo a própria rainha. Isto é semelhante ao de Shen Teh que "adopta" a personagem de Shui Ta e usa a sua máscara impiedosa sempre que sente necessidade dela, no entanto ninguém repara nisso. De acordo com Isma'iel Fahid, Wannous faz tal mudança, introduz um tipo de disfarce que carrega algum tipo de exagero e rejeita o estilo convencional, a fim de corresponder aos princípios do teatro épico que ele adoptou. Na verdade, a introdução de Wannous do rei numa imagem não convencional baseia-se no estilo dramático de Brecht; Brecht aborda os textos tradicionais com mudanças e alterações de modo a fazer com que o seu grande acidente perca tudo o que é familiar e óbvio e que, por sua vez, leva a alcançar o efeito de alienação e a criação de excitação, espanto e curiosidade. [16]

> Shen Teh: O meu primo não pode vir.
> Sol: E eu pensei que ele não podia ficar longe.
> Shen Teh: É impossível para ele estar onde eu estou.
> Sol: Que misterioso!
> Shen Teh: Sun, tens de perceber que ele não é teu amigo.
> Sou eu que vos amo. O meu primo Shui Ta ama
> ninguém. Ele é um amigo para mim, mas não para o meu
> amigos.
> (*The Good Person of Szechwan*: Sc.6, p.247)

> Mustapha: O que está a acontecer? Pode ser verdade? O homem é apenas
> vendeu a sua família, condenou-se a si próprio,
> e ninguém reconhece ninguém!
> Mahmoud: Um rei não tem de conhecer todos os seus súbditos, meu
> caro Haj Mustapha.
> Mustapha: O seu tema? Quem estava a falar, afinal - ele ou eu?
> Ninguém reconhece ninguém ...
> (*O Rei é o Rei*: Sc.V, 4, p.36)

No que diz respeito ao disfarce ou técnica de máscara em Wannous ou Brecht's, também pode ser visto como um dispositivo utilizado para conseguir "difamação", que é o núcleo do drama de Brecht. [17] Na verdade, um dos objectivos do seu emprego é a realização da "empatia de curto-circuito" de Brecht. [18] É bem conhecido que Brecht não esconde totalmente a existência de empatia ou o envolvimento de emoção das suas peças. Pelo contrário, pretende fazer qualquer momento (ou cena) positivo que possa captar os sentimentos do público seguido de um negativo contrastivo, a fim de interromper o processo de empatia. Por outras palavras, o processo de identificação nos sentimentos é interrompido pelo emprego da técnica de disfarce.

A "empatia de curto-circuito" é melhor identificada no disfarce de Abu 'Izza. Quando Abu 'Izza acorda e se encontra no palácio real rodeado de coroas douradas e servos obedientes, comporta-se de forma desequilibrada e embaraçosa: aparece como um homem simples e ingénuo, incapaz de distinguir entre sonho e realidade. Ele parece exactamente uma vítima do desejo de zombaria do rei. No episódio seguinte, Abu 'Izza aparece em pleno cravo com a personagem do rei segurando o ceptro com firmeza. Este episódio vai mudar as emoções do público que empatizou com Abu 'Izza na cena anterior. Dramaticamente, este estilo foi iniciado por Brecht e está bem reflectido em *A Boa Pessoa de Szechwan*. O sentimento do público em relação a Shen Teh não pode permanecer inalterado quando ela usa a máscara de Shui Ta e contradiz nitidamente a sua posição anterior como um verdadeiro tipo de Shen Teh. Como Shen Teh, ela culpa os seus amigos (Desemprego, Irmã-em-baixo, etc.) uma vez que ninguém ajuda Wang no seu caso contra o barbeiro, mas agora como Shui Ta pretende ser uma pessoa cruel que não conhece o sentido de bondade e o significado de ajuda.

Shen Teh *incredulous*: Quer dizer que nenhum de vós   vai
         dizer o que aconteceu? A sua mão fica partida em plena
         luz do   dia, à vossa frente, e nem um de vós
         abrirá a   boca.
Com raiva:
         Ó infelizes!
         O seu irmão é maltratado perante si, e você apenas
         feche os olhos.
         Ferido, ele grita em voz alta, e você fica com a mãe.
         O rufia anda à volta, escolhe a sua vítima e
         você diz: ele poupa-nos, pois escondemos o nosso
         descontentamento.   Que tipo de cidade é
         essa, que tipo de humanos   são vocês?
         Quando uma injustiça tem lugar numa cidade, deve
         haver um tumulto.
         E onde não há tumulto, é melhor a cidade
         desaparece em chamas antes de a noite cair.
         Wang, se ninguém que o tenha visto será sua testemunha,

então eu serei a vossa testemunha e direi que o vi.
(The Good Person of Szechwan: Sc.4, p.227)

Shui Ta: Só sei que o meu primo não estava presente quando isto
      ocorreu um ligeiro incidente.
Wang: é um mal-entendido! Quando Shen Teh vier, ela irá
      esclarecer tudo. Shen Teh vai dar-me o seu apoio. Onde está ela?
Shui Ta *a sério*: Sr. Wang, chama-se a si mesmo amigo do meu primo.
      Neste momento, o meu primo tem realmente sérias preocupações. Ela
      tem sido vergonhosamente explorada por todos os lados. A partir de
agora
      sobre ela não se pode permitir a mais pequena fraqueza.
(The Good Person of Szechwan: Sc.5, p.238)

Abu 'Izza (*Para si próprio*): Sonhos! Como eles ganham completamente o
controlo
      sobre si! Estou acordado ou não?(*Sente o seu peito, depois o*
      cama, e alcança um objecto de arte prateado na mesa de cabeceira).
      A minha mão diz-me que o que estou a tocar é duro e real.
      Mas o que os meus olhos parecem estar a ver não pode ser verdade
... Isto
      cama, o mobiliário, o ouro e a prata, a seda e o
      Veludo ... Não pode ser verdade! ... Sonhos, por favor fique com
      eu! ... 'Urqub! O que é que estás à espera? ... O teu mestre
      nunca brinca com o estômago vazio! Quem é você? E quem são
vocês?
      sou eu?
(O Rei é o Rei: Cena IV: 1, p.24)

'Urqub: Os vossos inimigos, meu senhor. Chegou o momento da vingança.
      Quem devo invocar primeiro?
  Rei: Que inimigos? E não se pode ficar parado? O que é que você
      pensa que é, um vizir ou um bobo?
Urqub(*curva a sua cabeça, assume um olhar sério*): Meu Senhor, perdoai
      eu. Não consegui controlar-me: deve ser a felicidade
      de saber que agora podemos vingar-nos ...
  Rei: Que inimigos? Que vingança?
Urqub(*Imitando a voz de Abu 'Izza*): "Aquele desonesto e traiçoeiro
      Shaykh Taha ..."
  Rei: Desonesto e traiçoeiro? Porquê?

'Urqub: Porque ele rouba à esquerda, à direita e ao centro até os órfãos, e
...

Rei: Às sextas-feiras, ele não reza a Deus para preservar o Rei?

Urqub(*Confuso*): Ele faz ...

Rei: Será que ele exortou o povo a rebelar-se ou a revoltar-se?

'Urqub: Não, não o fez. Ele não se atreveria. Tudo o que eu quis dizer foi que ele não é

    muito honesto, mesmo quando se trata de dinheiro de órfãos.

Rei: O problema com este país é que Deus parece ter colocado

    serpentes, em vez de línguas, na boca das pessoas.

                    (*O Rei é o Rei*: Sc.V:2, pp.28-29)

Em *O Rei é O Rei,* o disfarce de Abu 'Izza surge das ideias que ele anseia no seu devaneio. Ele sonha ser um rei e realiza os seus desejos de obter dinheiro, autoridade e poder. Estas ideias são postas em prática, exactamente como acontece em Brecht's *The Good Person of Szechwan*. O disfarce de Shen Teh é construído sobre uma ideia proferida por uma personagem, The Woman. Por outras palavras, o disfarce tanto de Shen Teh como de Abu 'Izza surge de certas ideias.

A mulher *levanta-se, embriagada com o sono*: Shen Teh! Alguém

    a bater! Onde é que a rapariga foi parar?

    O Sobrinho: A tomar o pequeno-almoço, espero eu. É por conta do seu primo.

A mulher ri-se e desvia-se para a porta. Entra um jovem

    Cavalheiro, o carpinteiro por trás dele.

O Jovem Cavalheiro: Eu sou seu primo.

A Mulher *a cair das nuvens*: o que disse que era?

O Jovem Cavalheiro: O meu nome é Shui Ta.

A Família*, sacudindo-se mutuamente acordada*: A prima dela! Mas era tudo

    uma anedota, ela não tem primo! Mas aqui está uma...

    diz-se que ele é primo dela! Não me digas, e

    a esta hora do dia!

        (*The Good Person of Szechwan*: Sc. 2, p.204)

Abu 'Izza(*girando como alguém em desmaio*): Torno-me Sultão

    do reino.... Aperto o punho nos meus assuntos, mesmo

/ se for por um dia ou dois. (*Cantar:*) Lá se vai o meu selo,

Feito é a minha vontade ...

(*O Rei é o Rei*: Prólogo, p.3)

Argumenta-se que o disfarce de Shen Teh é semelhante ao de 'Ubayd no que respeita à função de escapismo, mas o disfarce de Shen The e Abu 'Izza é quase análogo no sentido em que são utilizados para fins de crítica.

O disfarce de Abu 'Izza não pode ser interpretado em relação a certas questões espirituais (tais como o conflito entre os desejos interiores e os compromissos sociais e religiosos), uma vez que Wannous lida com Brecht que rejeita a adopção de conceitos espirituais ou teológicos (religiosos). [19] Embora ambos os dramaturgos acrescentem um gosto religioso, usem uma linguagem sagrada, e empreguem figuras religiosas (como o Xeque Taha em *O Rei é O Rei* e O Capelão na *Mãe Coragem*),[20] nenhum deles introduz temas religiosos por causa deles. Eles abordam tais temas para a sua necessária existência dentro da matriz completa, cujo núcleo é a crítica de múltiplas crises. Tecnicamente, a técnica de disfarce em *O Rei É o Rei* destina-se, portanto, a criticar a sociedade moderna que tem sido governada por leis do materialismo, uma sociedade que aumenta horrivelmente o fosso entre as suas estruturas sociais. Por outras palavras, ambos os dramaturgos abordam o tema da distinção de classes através do emprego de tais técnicas.

O tema da distinção de classes e do sofrimento do homem é o tema principal que ambos os dramaturgos se esforçam por transmitir e para cujo bem empregam várias técnicas e aceitam a responsabilidade total do resultado. O homem moderno já não é humano, seja no mundo brechtiano ou Wannousian, uma vez que a sua "humanidade" tem sido sugada pelas autoridades brutais e tirânicas. O povo de Brecht que se descreve a si próprio como "pulgas em cães" (Sc.3, p.125) devido à negligência da autoridade política e à dureza da vida, vai

ser descrito na peça de Wannous pela própria autoridade como "rãs" (Sc.I, p.6).
[21] Mas esta perda do sentido de humanidade tem de ser reconhecida pelo próprio homem moderno. Ele tem de compreender que isto não está relacionado com a crueldade do destino ou da natureza humana, mas é a crueldade da autoridade governante. É o poder que traz à superfície os instintos mais baixos da humanidade, afasta o homem do seu mundo interior, e também o impede de pedir para obter os seus próprios direitos e necessidades essenciais.

As pessoas em *O Elefante, Vossa Majestade* são incapazes de pedir ao rei para conter o seu elefante e acabar com o seu sofrimento, uma vez que temem a sua crueldade, como aqueles que vivem sob o Terceiro Reich, cujo medo da ira de Hitler confina também as suas mãos e línguas. O homem, quer nas peças de Brecht quer nas de Wannous, luta arduamente com esta crueldade, mas não a pode ultrapassar ou mesmo alterar a sua intensidade. A Mãe Coragem faz esforços vigorosos e violentos para sobreviver à guerra e libertar-se do seu perigo, mas o resultado é que ela perde os seus três filhos. O seu fim é tão desesperado como o de Shen Teh que conclui que a bondade do homem não pode enfrentar a crueldade exterior, pelo que ela se transforma na sua prima implacável, Shui Ta. Em tais atmosferas semelhantes, vivem as personagens de Wannous. O grupo de Zakaria enfrenta a sua derrota no seu confronto com o rei, Umm 'Izza não consegue manter a vista do seu marido e filha, e Ismeal é privado de tudo: cultura, terra, esposa e filho. Na verdade, tal tipo de enfoque na passividade do homem não significa que Wannous pretenda reflectir o homem árabe moderno como uma pessoa fraca; pelo contrário, fá-lo para alcançar o que Brecht fez ao introduzir tal passividade, encorajando uma nova consciência que leva a despertar as faculdades críticas do público e a estimulá-lo a mudar a sua realidade. Resumidamente, o homem em ambos os mundos, Brechtiano e Wannousian, é derrotado no seu conflito com poderes externos injustos.

O tema da derrota, seja no seu sentido militar ou social, ocupa o centro das peças de Wannous como tem sido no Brecht's. A derrota recorrente que o homem moderno enfrenta leva a mudar os elementos naturais da sua vida. O homem moderno não sente o gosto da felicidade da vitória; e a vitória pode significar-lhe perda, como diz Courage: "Todas as vossas vitórias significam para mim perdas" (Sc.5, p.144). A paz é a outra coisa que não existe na vida do homem e a guerra torna-se antes o estado natural. Este paradoxo tem-se reflectido na metáfora do Capelão de que a guerra é o queijo e a paz é o buraco e noutra imagem em *A Violação*, onde os sem-abrigo são bastante naturais e até mesmo desejáveis.

> O Escrivão *inesperadamente*: E a paz? Eu sou de
>   Boémia e eu gostaria de ir para casa um dia.
> O Capelão: Será que sim? Ah, a paz. Onde está o
>   buraco uma vez que o queijo tenha sido comido?
> (Mãe Coragem: Sc.6, p.147)

> Al-Fari'ah: O fardo foi decidido antes do seu nascimento. Como eles
>   dizer: sem uma pátria, sem um lugar nesta terra.
> Dalal: A pátria está perdida e receio que estejamos a desperdiçar
>   o pouco tempo que temos.
> Al-Fari'ah: Se algo valioso se perder, não se arrependa do que
>   é barato.
> Dalal: Quantas casas demoliram?
> Al-Fari'ah: seis.
> Dalal: E há dois dias eram cinco. Quando chegará a minha vez?
> Al-Fari'ah: O desalojamento é melhor do que viver nestas casas de
>   humilhação.
> (The Rape: The Book of Daily Sorrows, p.6)

A sensação de derrota reflecte-se claramente nos monólogos de Shen Teh e Umm 'Izza. Ambas as personagens expressam os seus sentimentos e pensamentos suprimidos directamente ao público sem qualquer mediação, independentemente da presença de outras personagens. Na utilização convencional deste meio dramático, a personagem está sozinha no palco. Por isso, muito provavelmente significa que Brecht e Wannous não só dão relevo tematicamente ao sentido social da derrota, como também empregam uma ferramenta semelhante para o reflectir:

> Shen Teh: Quando aqui cheguei, vindos do país, foram os
> meus primeiros senhorios. *Para o público*:
> Quando os meus   pequenos
> fundos acabaram, eles atiraram-me para a rua.
> Provavelmente estão assustados por eu dizer
> não.
> Eles são pobres.
> Eles não têm abrigo.
> Eles não têm amigos.
> Eles precisam de alguém.
> Como podem ser recusados?
> (*The Good Person of Szechwan*: Sc.1, p.195)

Umm 'Izza (Num *tom de facto*): A quem posso recorrer? A quem posso recorrer?
    fazer com um homem tão pobre de espírito e pequeno no crânio?
Bastardos,
    que ultrapassam em muito o número de filhos legítimos nos dias de hoje, fizeram um
    necrófago dele. O seu dinheiro e o seu negócio desapareceram.
Sempre -
    coisa foi vendida, excepto a casa que agora nos abriga. A minha
    o marido afoga-se em bebida e ilusões, e enquanto nós
    nesta condição, a minha única filha não tem qualquer hipótese de ter uma boa
    casamento ... Mas a quem posso ir? Quem me dera poder ter uma
audiência
    com o rei. Mais ninguém nos pode fazer justiça e tirar-nos de lá do poço em que fomos atirados ...
    (*O Rei é o Rei*: Prólogo, p.3)

É bastante evidente que tanto Brecht como Wannous se concentram fortemente no aspecto da derrota e mostram apenas a "vitória da crueldade". Acredita-se, contudo, que se o público reconhecer a derrota da personagem e descobrir as razões por detrás dela, será capaz de os evitar e alcançar a vitória em vez da derrota. Normalmente, espera-se que o homem tenha de pensar no seu futuro e tentar deter o estado miserável em que vive. Shen Teh vive o seu futuro no seu presente em certos sonhos do dia. Ela imagina que o seu filho por nascer entra na vida e que ele não encontra nada para comer. Este sonho encoraja-a a lutar arduamente e a abrir a fábrica de tabaco a fim de salvar o seu futuro. O sonho do dia é também o verdadeiro incentivo que permite a Abu 'Izza aderir poderosamente ao trono, apesar da grande perturbação que ele vive no início do seu disfarce. Na realidade, a sua prática de ascender ao trono no seu devaneio permite-lhe comportar-se como um verdadeiro rei que se senta no trono há anos, evitando qualquer erro que tenha sido esperado por Mustafa e Mahmoud.

Shen Teh cuida dela sem se mexer. Depois ela examina o   seu corpo, cobra-o, e uma grande alegria aparece no seu rosto.
        Shen Teh, *suavemente*: Oh, alegria! Um pequeno ser está a ganhar vida no meu
        corpo. Ainda não há nada para ver. Mas ele já está
        lá. O mundo espera-o em secret.... *Ela apresenta*
        o seu pequeno filho para a audiência: Um aviador! ... *Ela começa*
        a andar para cima e para baixo, conduzindo o seu pequeno filho pela mão.
        Vem meu filho, inspecciona o teu mundo.... Talvez possamos
        recolher uma ou duas cerejas ali, do velho e rico Sr.
        O pomar de Feh Pung. Este momento não deve ser visto.
Venha,
        pobre pequeno bastardo!
                (*The Good Person of Szechwan*: Sc.7, p.255)

        Abu 'Izza: Se ao menos o tivesses visto! Guardas de ambos os lados, de pé
        Como duas filas de álamo ... E lá estava eu,
        Andar entre eles como se eu estivesse a voar - ou
        Como se eu estivesse a caminhar sobre um tapete de
        Quicksilver. A banda andou à minha frente, e todos os
        homens de estado atrás de mim. À medida que subia ao trono,

cabeças curvadas e prevaleceu o silêncio. Foi verdadeiramente um

momento solene...

(O Rei é o Rei: Sc.II, p.11)

Curiosamente, através de disfarces, monólogos e devaneios, ambos os dramaturgos pretendem descobrir o véu que esconde a fonte da corrupção na sociedade, a fim de poderem alcançar os seus objectivos didácticos. Na verdade, introduzem os elementos didácticos que satirizam os males da sociedade. Dramaticamente, mesmo os meios de entretenimento são utilizados para este objectivo, como o interlúdio e o canto. No drama clássico, o interlúdio tem sido utilizado para iluminar a tensão da acção trágica e proporcionar ao público algum tipo de deleite, enquanto no teatro épico de Brecht(e Wannous's) o interlúdio tem sido explorado para satirizar os acontecimentos e comentar a acção de forma crítica. Brecht em *The good Person of Szechwan* comenta os acontecimentos da primeira cena em geral e satiriza o comportamento de Wang que escapa quando se sente incapaz de encontrar um alojamento para os deuses. De facto, Brecht neste interlúdio pretende criticar o homem moderno que é fraco, como dizem os deuses, e incapaz de suportar a miséria por mais tempo, de acordo com a opinião de 'Ubayd':

Wang: E eu fugi, tinha tão pouca fé! Só porque eu pensava
ela não pôde vir. Porque ela tinha tido pouca sorte
ela não pôde vir.
Os Deuses:
Ó fraco!
Homem bem intencionado mas fraco!
Onde há dificuldades, ele pensa que não há bondade.
Onde reside o perigo, ele pensa que não há coragem.
O feebleness, que não acredita em nada de bom!
Ó julgamento apressado! Ó desespero prematuro.
(The Good Person of Szechwan: Interlude I, p.203)

Izza: Não aguento mais!
Ubayd: É apenas no momento de extrema miséria que o homem sente

não pode aguentar mais. Mas, de facto,
não há limites, para o que ele pode tomar. Ele pode ficar de pé
qualquer inferno porque ele sabe, por instinto, que não pode

durar.

Izza: Sim, mas esta miséria, a *nossa* miséria - quando é que vai

acabar?

(*O Rei é o Rei*: Segundo Interlúdio, p.19)

Dramaticamente, a crítica pungente que prevaleceu através das cenas
também o fez através das linhas de Brech's bem como das canções de Wannous.
A canção satírica que é usada para criticar o regime de Hitler em *Medo e
Miséria do Terceiro Reich* é também usada para criticar a política do rei em *O
Rei é o Rei*.

Ao varrer a barreira da classe
Os pobres são feitos buscadores e transportadores
No Corpo de Trabalho de Hitler.
Os Ricos servem um ano ao seu lado
Para mostrar que nenhum conflito os divide.
Alguns pagam-lhes mais.
(*Medo e Miséria do Terceiro Reich*: Sc.12, p.65)

A Banda: Senhor em geral de nós,
Mestre do reino,
Filho de reis abundantes,
Manter-se saudável no leme
Em bem-aventurança celestial.
A alegria está na sua testa carregada,
Bom pelas suas mãos suaves é
Forjado;
Este monarca inigualável é
Com dignidade carregada:
Deus o guarde, para nós e para todos
Quem irá nascer,
Em bem-aventurança celestial ...
(*O Rei é o Rei*: Sc. I , p.5)

Neste tipo de canção satírica , a música não precisa de ser satírica, mas pode contrastar com as palavras, a fim de despertar o conflito na mente das audiências e forçá-las a 'reconciliar' os dois elementos. "Através de tais meios, Brecht [procura] despertar o pensamento e motivar a acção social"[21] Na verdade, o pensamento também é despertado pela introdução de outro tipo de canção, a canção didáctica. Como a canção do teatro épico foi posta ao serviço de modo a reflectir o didactismo e a moralização do dramaturgo, também desempenha a mesma função nas peças de Wannous, embora ligeiramente diferente. Caracteristicamente, o elemento didáctico na canção de Brecht é evidente, ao contrário do que está implícito na de Wannous:

> A sobrinha:
> Os velhos, dizem eles, encontram pouca diversão no salto.
> O tempo é o que eles precisam, e o tempo começa a pressionar.
> Mas para os jovens, dizem eles, os portões estão abertos.
> Abrem-se, assim o dizem, no nada.
> > E eu também digo: deixa-te disso!
> > Como fumo cinzento torcido
> > Para uma frieza cada vez mais fria, irá
> > Explodir.
> > > (*The Good Person of Szechwan*: Sc.1, p.202)

> Banda: Príncipe do reino,
> > Nobre, poderoso, espantoso e firme;
> > Radiante de viseira,
> > Bounteous de linhagem,
> > Óptimo e justo,
> > Governar ele deve.
> > > (*O Rei é o Rei*: Cena IV:2, p.26)

A discrepância no grau de clareza na reflexão dos elementos didácticos na canção não pode ser aplicada a todas as outras técnicas, dispositivos e estilos trazidos para servir o didactismo. Ambos os dramaturgos, contudo, transmitem tons didácticos e dogmáticos directos e claros através do emprego do estilo interrogativo que enriquece as peças com especial graça e vigor. Tal tendência tem sido empregada pelos seus impulsos retóricos e não pelos seus meros impulsos léxicos que acrescentam novas e variadas graças às suas línguas. Wannous assiste o público a compreender as razões que estão por detrás do sofrimento do homem, fazendo perguntas duras sobre o aumento de elefantes, como Brecht faz em *The Good Person of Szechwan* quando esclarece a razão que levou Shen Teh a ser primeiro uma prostituta e a disfarçar-se atrás da máscara de Shui Ta em segundo lugar:

O Jogador:
Será que o medo do palco nos fez esquecer o resto?
Tais coisas ocorrem. Mas o que sugere?
Qual é a sua resposta? Nada foi arranjado.
Os homens deveriam ser melhores? Deve o mundo ser mudado?
Ou apenas os deuses? Ou não deveria haver nenhum?
Nós, pela nossa parte, sentimo-nos bem e verdadeiramente realizados.
Há uma solução que conhecemos:
Que deve agora considerar à medida que avança
Que tipo de medidas recomendaria
Para ajudar as boas pessoas a um final feliz.
(*The Good Person of Szechwan*: Epílogo, p.291)

Actor 7: Sabe agora porque existem os elefantes?
Actor 3: Sabe porque é que os elefantes se multiplicam em os seus números?
(*O Elefante*: 4 Em A Presença do Rei, p.24)

Através deste tipo de "questionamento", Brecht construiu as suas peças para tocar nos problemas universais do homem como na *Mãe Coragem* quando pede uma resposta à pergunta "quem é afectado pela guerra?", *A Boa Pessoa de Szechwan* pergunta se o mundo deve ser alterado, e no *Medo e Miséria do Terceiro Reich*, a questão reside em como o homem pode viver livre e feliz sob a decisão do Terceiro Reich. Do mesmo modo, cada uma das peças de Wannous foi centrada em torno de uma certa questão que é transmitida ao público através de toda a acção da peça. Em *O Elefante, Vossa Majestade* Wannous pergunta: "Quanto tempo podemos ser pacientes?", em *O Rei É O Rei*, ele pergunta sobre o resultado da mudança do rei: "a mudança do rei acaba com o sofrimento do seu povo?", enquanto que em *A Violação*, Wannous pergunta sobre o momento que acaba com o sofrimento dos palestinianos: "Mas, quando é que tudo isto vai acabar?". Brevemente, as peças de Wannous ecoam o "Questioning Style" de Brecht.

Como Brecht fez, Wannous também recorreu ao folclore para restaurar os seus contos, provérbios, e ditados antigos em busca da sua sabedoria do que o homem moderno está muito necessitado. Na verdade, provérbios e provérbios antigos também subjugaram uma certa mudança e um tratamento único como o fazia o conto popular. Por vezes, Brecht faz certas variações no uso de provérbios (No.114, p.44 acima), e usa o seu velho ditado ironicamente como na sua *Mãe Coragem*. Da mesma forma irónica, Wannous reflecte o seu velho ditado em *O Elefante, Vossa Majestade*, pois pensa que através do uso irónico a conotação do velho ditado será mais poderosa do que a do seu uso como mera ilustração de um certo acidente.

> Mãe Coragem: Não há nenhuma estrela demasiado brilhante ou parece demasiado distante.
> (Dogged fá-lo, onde há vontade, há distância,
> por gancho ou por vigarista).
> (*Mãe Coragem*: Sc.4, p.141)

> 2º M: deus é tudo saber.
> 5º M: A paciência é a chave do alívio.
> Zakaria: Quanto tempo podemos ser pacientes?
> (*O Elefante*:1 A Decisão, p.11)

De facto, a "vontade" de Brecht e a "paciência" de Wannous são palavras agudas que criticam a timidez e submissão do seu povo.

Wannous adoptou o estilo invocador de Brecht24 e empregou o estilo narrativo emprestado do teatro épico de Brecht. Brecht apresenta o narrador que narra os acontecimentos e comenta criticamente a acção do seu ponto de vista objectivo que é também o do dramaturgo. Ele enfatiza os aspectos éticos e intelectuais da personagem, uma vez que são as características que ele quer transmitir ao seu público e compensar o que tem faltado nas personagens centrais da peça, como na personagem de Wang em *A Boa Pessoa de Szechwan*. Wang tem o verdadeiro sentido do amor e do sacrifício e é o único habitante de Szechwan que aprecia a bondade de Shen Teh e não a encontra com exploração como o grupo parasita. Este personagem tem o seu eco nas peças de Wannous, que tem sido chamado *'Al-Hakaewati'*, o contador de histórias. [25] Esta personagem na peça de Wannous é utilizada para desempenhar o mesmo papel esperado no teatro épico de Brecht, mas a peça de Wannous tem por vezes mais do que um narrador para apresentar os acontecimentos de diferentes pontos de vista como nas personagens do Dr. Abraham Manuhin e al-Fari'ah em *A Violação* e Zahid e 'Ubayd em *O Rei é o Rei*, mas *O Elefante,* não tem um narrador específico: cada personagem tem o seu próprio papel na narração do conto.

O outro aspecto relacionado com o emprego do narrador é a harmonia entre os seus antecedentes sociais e culturais e o das outras personagens centrais da peça. Este aspecto é evidente nas peças de ambos os dramaturgos: Brecht e Wannous. Wang não é menos que Shen Teh na sua posição social e mesmo Al-Fari'ah não difere nos seus antecedentes sociais e culturais, bem como nas suas atitudes patrióticas do que estas de Ismael Al-Safadi. Mas o ponto onde Brecht e Wannous não se encontram é que Wannous na maioria das suas peças pretende fazer com que o narrador pertença a uma boa classe social (como nas personagens de al-Afari'ah, Dr. Manuhin, e 'Ubayd e Zahid que se disfarçaram atrás das formas de mendigo e porteiro). Na verdade, Wannous faz com que o seu narrador tenha tais características para ser um exemplo para os educados que devem corrigir o erro e ser o grupo que lidera a sociedade.

O enfoque na sociedade que faz Wannous introduzir o carácter do narrador é a mesma razão que o estimula a adoptar o método de caracterização de Brecht.

116

Brecht nomeia as suas personagens de acordo com os seus desenhos sociais (sargento, carpinteiro, empregador, escriturário...) e apresenta as personagens que reflectem a posição social de cima para baixo, do líder para a prostituta, assim como Wannous. Também nomeia os seus personagens paternos que apresentam a pirâmide social de cima para baixo, do rei para o mendigo nos seus desígnios sociais (rei, vizir, carrasco, chefe de polícia,...) e por vezes dá números às suas personagens por intenção de generalização, como em *O Elefante, Vossa Majestade*.

Além disso, o desencontro de Brecht entre os antecedentes sociais e culturais da personagem e o seu discurso também foi reproduzido nas peças de teatro de Wannous. Se se avaliar cuidadosamente o discurso de Courage, atribui-se a uma certa filósofa do que a esta simples mulher da cantina, devido à riqueza dos conceitos filosóficos, alusões bíblicas, dispositivos retóricos e a sabedoria que transporta. Um desencontro tão grande pode chocar o ouvinte que recebe as sagazes palavras prudentes de Coragem que são sugestivas de sabedoria. Na verdade, este "choque" também pode ser experimentado pela audiência quando ouve o discurso de Umm 'Izza quando ela aparece perante o rei. Ela usa o estilo já utilizado pelo vizir ou pelos assistentes do rei, mas não pela simples mulher que nunca enfrentou o rei ou qualquer figura tão grande antes.

Mãe Coragem: Não grites comigo, jovem companheiro. Tenho as minhas próprias preocupações, tenho; qualquer caminho que deves poupar à tua voz, estarás a precisar dela quando o capitão chegar, senão ele estará lá e tu demasiado rouco para fazer um som, o que tornará difícil para ele bater-te em ferros até ficares azul. As pessoas que gritam assim não conseguem aguentar nunca; meia hora, e têm de ser embaladas para dormir, estão tão cansadas .... Por quanto

tempo não se defende a injustiça?
Uma hora, duas horas? Não se perguntou isso,
pois não, mas a questão é essa, e porque é que,
uma   vez que se está no ferro de
engomar, é uma pena se de repente   se
descobre que se pode suportar a injustiça, afinal....
A tua raiva já se extinguiu, foi apenas uma curta e
precisavas de uma longa, mas de onde a vais tirar?
(*Mãe Coragem*: Sc.4, pp.138-139)

Umm 'Izza (*Cai de repente de joelhos, fala num estudo
maneira*):Nosso Senhor e Mestre, a quem devemos
obediência e lealdade, viemos implorar por restituição.
Fomos obrigados a beber veneno e a sofrer injustiça.
(*O Rei é o Rei*: Sc.V,4, p.34)

A contradição entre o estado da personagem e o seu discurso está relacionada com o aspecto do paradoxo que é um dos elementos básicos do teatro épico de Brecht a que Wannous recorre. [26 De] facto, a contradição não se encontra apenas neste ponto, mas em tudo o que foi encenado no palco. Em temas, encontra-se a contradição na de vida e morte, aparência e realidade, vitória e derrota, bem-estar e pobreza, guerra e paz, bem e mal, e amor e crueldade. É evidente, mesmo em personagens que apresenta os ricos e os pobres, os bons e os maus, os bondosos e os cruéis, os educados e os ignorantes, e o verdadeiro patriota e o falso. Na verdade, este aspecto de contradição é um dos factores essenciais que fazem os críticos descrever o drama de Brecht, bem como o de Wannous como drama realista.

Além do aspecto da contradição, Wannous adopta também a teatralização da produção de Brecht e os dispositivos anti-ilusionistas. Mesmo o seu palco, normalmente estéril, não tem o cenário realista; fornece ao público a ilusão de lugar na sua totalidade, mas é construído a partir de fragmentos ou projecções que só podem criar a sensação de impermanência e de mutabilidade. Além disso, Wannous não só torna os equipamentos (adereços, luz, cenários, ...)

visíveis, e coloca os músicos no palco, destruindo assim a ilusão da realidade e enfatizando a sensação de estar num teatro, mas esconde totalmente a música pictórica.

O desejo depende das vozes naturais dos actores e das suas respirações ofegantes, soluços sucessivos, reacções dolorosas, gritos e murmúrios. Por esta tecnicidade Wannous cria uma atmosfera teatral especial que torna a imagem e o diálogo duas facetas para a mesma moeda, e ao mesmo tempo impede o público de se identificar com as personagens da peça ou de desfrutar de um momento de sentimentalismo. [27]

É verdade que Wannous adopta os elementos (temas e técnicas) do teatro épico de Brecht, mas é igualmente verdade que o tratamento nas suas peças é verdadeiramente Wannousian. Wannous, como diz Abdul Rahman Jaghi, "Wannous encontra no ensino e deleite do teatro de Brecht", e o objectivo de guiar o público e fornecê-lo com esclarecimento directo. Esta é a verdadeira causa pela qual Wannous deixa outras direcções teatrais como a de Beckett, Ionesco e Wiess. Mas isto não significa necessariamente apenas que Wannous atinge a fama porque adopta os princípios do teatro épico e se encontra com Brecht na mesma fase épica e realista. [28]

De facto, a influência de Brecht sobre Wannous é clara na medida em que alguns realizadores alemães sentem que podem representar as peças de Wannous no teatro alemão como Friederike Felbeck visita a viúva de Wannous e leva as suas obras completas e entrega-as a Regina Karashouli para as traduzir para o alemão sob o título "Metamorphoses". Felbeck trabalha arduamente com a sua equipa para conseguir um "Projecto de Teatro Alemão-Sírio". Este projecto está planeado para representar as peças de Brecht e Wannous tanto em teatros alemães como sírios, com a cooperação de actores sírios e alemães. Ela sente que tal tipo de projecto pode enriquecer o desenvolvimento da arte teatral no nosso mundo e colmatar o fosso entre as culturas ocidental e oriental. [29]

Wannous não encontra nenhum choque radical entre a concepção europeia de teatro e a identidade da cultura árabe, e a sua adaptação dos elementos do teatro épico de Brecht deve ser listada sob o termo "criatividade" que difere muito de "dependência". [30] Comenta a sua tendência para adoptar certos elementos dos teatros dos escritores europeus, particularmente Bertolt Brecht e a sua estratégia de reescrever algumas das suas peças (compõe P. Weiss' *Mankupout* sob o nome de *Journey from Slumber to Consciousness*, de *Hanthela*, e *Turandot,* de Brecht, sob o mesmo nome) dizendo

> Não fazemos nada ao nosso Teatro Árabe, e não acrescentamos nada se o objectivo do que estamos a fazer é a introdução de Brecht e outros escritores europeus à medida que lá são introduzidos ou como imaginamos que lá sejam introduzidos. A verdadeira adição é a introdução das nossas opiniões; somos os árabes para Brecht ou para qualquer texto estrangeiro que seja introduzido ou introduzido nos teatros europeus. Asseguro que a interpretação dos pontos de vista é a adição mais importante que podemos captar a partir da introdução de certos espectáculos. Consequentemente, a nossa preocupação não é a introdução do maior número possível de textos estrangeiros, mas sim a introdução do maior número possível dos nossos pontos de vista árabes para estes textos. [31]

Tal tipo de tendência ou visão progressista, como diz F. Sharafeddine Hassan, diferencia Wannous dos outros escritores árabes em geral e dos dramaturgos árabes em particular, como Yusuif Idris e Tawfiq Al-Hakim, que moldaram a sua abordagem e a sua arte inteiramente através da fuga às influências ocidentais. Frequentemente, Wannous adverte os escritores árabes contra a dependência total e total da cultura ocidental e lembra-lhes normalmente que" não devemos esquecer que a herança humana é a nossa herança, e que o que foi realizado no teatro universal nos pertence tanto a nós como aos outros". [32]

Eventualmente, as atitudes de Brecht, um clássico da literatura, "cujas obras não visam tornar final o que foi encontrado em algo"[33] e os elementos do seu teatro épico que foram reflectidos em *O Elefante* de Wannous, *Vossa Majestade, O Rei é O Rei*, e *A Violação* são reflectidos noutras peças da sua fase épica, podem também reflectir-se nas peças de outros escritores, quer no presente quer no futuro, para além do aspecto da nacionalidade ou da cultura, uma vez que Brecht é o dramaturgo cuja teoria do teatro épico se espalhou por todo o mundo e o seu Brechtismo está muito vivo.

NOTAS

[1] J.K. Lyon, *Bertolt Brecht e Rudyard Kippling* (Haia, 1975), R. T. Symington, *Brecht e Shakespeare* (Bona, 1970), G. R. Murphy, *Brecht e A Bíblia* (Chapel Hill, NC, 1980), e R.Berg-Pan, *Bertolt Brecht e China* (Bona, 1979).

J. F. Williams, *Brecht's Originality: The Problem of Influences*, (New York: Court of the UniversityofSt. Andrews, 2003), p.53.

[2] Isma'iel Fahid, *Al-Kalema -Al-Fea'al fi Maserah Saadallah Wannous(The Word-Act in Saadallah Wannous's Theatre)*, (Beirute: Al-Adab Printing House, 1981), p.10.

[3] Ibid., pp.9-10.

[4] Williams, p.60.

[5] Fahid, p. 10.

[6] Manal A. Swairjo, "Saadallah Wannous": A Life in Theatre" in *Aljadid* Vol.2, no.8, Junho de 1996.

[7] Angela Curren, *Brecht's Criticism of Aristotle's Aesthetic of Tragedy* (Mount Holyoke College: Department of Philosophy, Dezembro de 1997), p.170.

[8] Admer Gouryh, *Recent Trends in Syrian Drama* (Oklahoma: ProQuest Information and Learning Company, 2002), p.219.

[9] No que diz respeito à introdução da imagem da figura materna, ambos os dramaturgos introduzem a imagem de uma mãe amável cujo verdadeiro sentido de maternidade a estimula a sacrificar tudo e a suportar tudo por causa do seu filho (ainda por nascer), como na imagem de Shen Teh e Dalal. Ambas as mulheres compreendem o significado da maternidade nos seus termos humanistas e pensam no bebé como a semente do amor que trará felicidade e alegria eterna, ao contrário da Mãe Coragem e Umm 'Izza que olham para tudo de um ponto de vista materialista:

Shen Teh cuida dela sem se mexer. Depois ela examina
o seu corpo, sente-o, e uma grande alegria aparece no seu rosto.
Shen Teh: Oh alegria! Um pequeno ser está a ganhar vida no meu corpo.
Ainda não há nada para ver. Mas ele já lá está.
O mundo espera-o em segredo.

(The Good Person of Szechwan: Sc.7, p.255)

Dalal: Todas as manhãs, tinha-me sentido como uma mulher madura.
Há dois dias atrás, antes de o terem prendido, falámos
sobre o primeiro bebé. Eu dei-lhe o nome de Zaher e ele deu-lhe o
nome de
ele Jihad. Tinha a certeza de que havia uma semente a ser formada
em
a minha barriga, mas agora continuamos separados.

(The Rape: The Book of Daily Sorrows, p.17)

[10] "Inevitabilidade Histórica" é interpretado como o conceito lógico que governa a humanidade e afecta o progresso controlando completamente os acontecimentos sem qualquer interferência da vontade ou consciência do homem.

Citado em Fahid, p.202.

[11] Oscar G. Brockett, *World Drama* (Nova Iorque: Halt, Rinehart e Winston. Inc., 1984), p.494.

[12] Gouryh, p. 219.

[13] Ibid. p. 219.

[14] Khalid Abdul-Lateef, *Maserah Saadallah Wannous: Dirassa Faniya* (*Theare of Saadallah Wannous: An Artistic Study*), An Unpublished M. A. Thesis (University of Cairo: College of Arts, 1984), p.131.

[15] Abdul-Rahman Jaghi, *Saadallah Wannous wa Al-Maserah* (*Saadallah Wannous e Teatro*), (Damasco: Al-Ahali, 1998), p.88.

[16] Fahid, p.186.

[17] Lee A. Jacobus, *The Bedford Introdução ao Drama*. Terceira edição (Boston: Bedford Books, 1997), p.883.

[18] Brockett, p.494.

[19] Jacobus, p.990.

[20] Na verdade, a figura religiosa tanto no drama de Brecht como no de Wannous é uma figura falsa. Cada personagem usa a religião como disfarce para esconder os seus próprios desejos e comportamentos. Na *Madre Coragem*, O Capelão pretende conceder o mandamento de Cristo, "ama o teu próximo como a ti mesmo" e diz que esta regra não pode ser aplicada em tempo de guerra. Ele faz isto a fim de ganhar a aceitação geral. Na verdade, enquanto O Capelão torce o Evangelho para salvar a sua alma e o seu lugar, Shaykh Taha também esquece os verdadeiros compromissos religiosos e partilha a autoridade política no seu crime para com os súbditos:

> Eilif: ... A necessidade é a mãe da invenção, eh, senhor?
> O General: Qual é a sua opinião, pastor de almas?
> O Capelão: Essa frase não está estritamente escrita na Bíblia, mas
>   quando Nosso Senhor transformou os cinco pães em cinco
>   cem não havia guerra e ele podia dizer
>   pessoas a amarem os seus vizinhos como se estivessem
> fartas
>   para comer. Hoje é outra história.
>   (*Mãe Coragem*: Sc.2, p.111)

> Shaykh Taha e Merchant (*Juntos*): Nós, do púlpito e do *souk*, /
>   Segurar o fio e o gancho.
> Shaykh Taha: Uma corda para a ralé ...
>   Comerciante: Outro para o comércio e culturas ...
> Shaykh Taha e Merchant: E um terço para palácio, Rei, e
>   política. Nós, do púlpito e do *souk*, /
>   Segurar o fio e o gancho.
>   (*O Rei é o Rei*: Prólogo, p.4)

[21] As pessoas que são descritas como "pulgas" na *Mãe Coragem* também foram descritas como "cães" no *Medo e Miséria do Terceiro Reich*: "O primeiro: Top dogs, that's us" (Sc.1, p.5), e como "cavalos" em *The Good Person of Szechwan*: "Like horses. Eles olham nervosamente" (Cena 6, p.246).

Nas peças de Wannous são-lhes dadas diferentes imagens bestiais: Em *O Rei é o Rei*: "como cães com fome e humilhação" (Prólogo, p.11); em *O Elefante, Vossa Majestade*: "Como uma pulga" (1 A Decisão, p.8), e em *A Violação*: "os macacos movem-se em duas pernas e primam apenas pela malícia e pela mentira" (o Livro de Profecias, p.45).

[22] Brockett, p.494.

[23] A outra nomeação que pode ser aplicada à peça Wannousian é a da "peça aberta" uma vez que também tem um fim aberto cuja interpretação permanece tentadoramente aberta. Wannousian prefigura o final da peça para ajudar o seu público a encontrar uma resposta à mesma questão reflectida nas peças de Brecht: "Como o homem com o homem pode viver na amizade...". Isto reflecte-se claramente no final de *The Good Person of Szechwan* and *The Rape*.

O Jogador:
Senhoras e senhores, não se sintam desapontados:

A nossa peça irá falhar se não a puder recomendar.
Será que o medo do palco nos fez esquecer o resto?
Tais coisas ocorrem. Mas o que sugere?
Qual é a sua resposta? Nada foi arranjado.
Os homens deveriam ser melhores? Deve o mundo ser mudado?
Ou apenas os deuses? Ou não deveria haver nenhum?
Nós, pela nossa parte, sentimo-nos bem e verdadeiramente realizados.
Há uma solução que conhecemos:
Que deve agora considerar à medida que avança
Que tipo de medidas recomendaria
Para ajudar as boas pessoas a um final feliz.
Senhoras e senhores, em vós confiamos:
Deve haver finais felizes, deve, deve, deve, deve!

(*The Good Person of Szechwan*: Epílogo, p.291)

(*Entre Jad'oun, Moshe, e David na clínica*)
O Dr. : Mas como pode imaginar o meu epílogo nesta peça.
S. W. : O rei ordena a Sadeqea que ponha Armean na prisão!

125

E dar um pão de forma do mercado de padeiros
Todos os dias até ao desaparecimento do pão totalmente do
Cidade. Eles vêm gentilmente, sorrindo, e espremendo-o na
Camisa, depois levam-no para um dos sanatórios.
(*Eles estão a acorrentar o médico pela camisa da louca* ...)
O Dr..: E você ...o que o tem estado a espera?
S. W.: A inimizade do sionista israelita e do sionista árabe.
O Dr..: Por isso... vamos trocar piedade!!
S. W.: A piedade... e talvez seja a esperança!

(*The Rape*: The Book of End, p.108)

[24] O outro ponto em que Brecht e Wannous se encontram é o uso de estilo invocador e as suas expressões. Por exemplo, a palavra "Amém" que foi pronunciada por medo pela esposa do camponês na *Mãe Coragem* para expressar a sua gratidão irreal aos soldados do imperador, também foi experimentada em Wannous's *The Elephant*. O grupo de Zakaria também pronunciou temerosamente a palavra "Ámen" como expressão da sua gratidão ao rei que concordou em se encontrar com eles. Por outras palavras, o estilo invocador de Brecht e as suas expressões foram capturados por Wannous.

A Esposa do Camponês: E obrigado, capitão, por nos ter poupado,
para todo o sempre, Ámen.
O camponês impede a sua esposa de continuar
expressões de gratidão.
(*Mãe Coragem*: Sc.2, p.175)

A Guarda (*desdenhosamente*): O rei concordou em ver-vos.
Vozes:
Ele vai ver-nos.
Longa vida ao rei.
Ámen.
(*O Elefante*: 3 No Palácio, p.19)

126

[25] *Al-Hakewati* é o antiquado contador de histórias popular. (Swairjo)

[26] Fahid, p.182.

[27] Hana'a Abdul-Fatah, "Wannous Cama Rayeteh" (Wannous as I saw Him) em *Fisool: Majelat Al-Naqed Al-Adebi(Seasons: The Literary Criticism Magazine)* Vol.16, no.1 (Egipto: The General Egyptian Institution of Book, Verão de 1997), p.412.

[28] Jaghi, pp. 40-41.

[29] John Bergeron (trans.) "Saadallah Wannous 'Metamorphoses' Staging Taboo Issues on a Demascus Stage" www.qantara.de acedido em 1-9-2005.

[30] Jaghi, p.24.

[31] Ibid, p.42.

[32] Fatme Sharafeddine Hassan, "Wannous Perspective on Theatre": A Balance between Nationalist Tradition and Universalism" in *Aljadid* Vol.2, No.8, Junho de 1996.

[33] Werner Mittenzwie, "Brecht 1973-Speech on his 75th Birthday" in *Brecht as They Knew Him* editado por Hubert Witt (Alemanha: Seven Sea Books, 1974), p.241.

CONCLUSÃO

A era dramática pós Guerra Mundial testemunhou contactos notáveis entre a cultura ocidental e o Oriente, directamente através de actividades de guerra e missões culturais, e indirectamente através da tradução, programadores da aquisição de línguas, e a introdução de doutrinas políticas e filosóficas que atraem a atenção dos árabes. De facto, algumas dessas filosofias e pensamentos encontraram os seus caminhos através das artes criativas da época; o drama, porém, não foi uma excepção, pois foi um veículo para uma grande massa dessas filosofias. Por exemplo, os princípios e atitudes do existencialismo foram claramente reflectidos nas obras dos dramaturgos e expressionistas absurdistas é melhor visto nas obras dos dramaturgos russos. Curiosamente, o teatro épico, como escola de arte e o seu devir político, foi bem acolhido por muitos dramaturgos árabes, uma vez que o período tinha sido principalmente maduro para os fundamentos das suas filosofias. Por outras palavras, o drama pós guerra em geral trata dos temas universais que estão relacionados com a vida do homem moderno, independentemente da língua, raça, lugar e cenário.

Este sentido de universalismo que tem sido rico nas escolas dramáticas europeias é o elemento básico que atraiu a atenção dos escritores árabes que se encontraram interessados não só nos seus impulsos teatrais mas também nos seus aspectos técnicos e estruturais. Este estudo demonstrou que como Brecht tem atraído a atenção do público europeu pelos seus temas e técnicas, Brecht tem igualmente feito de forma eficaz a atracção dos dramaturgos árabes que têm acreditado no objectivo da sua arte. Várias figuras do drama moderno, tanto estrangeiras como árabes, usam o rótulo "Brechtian" como uma marca vagamente progressiva de respeitabilidade às suas técnicas experimentais em geral, mas de acordo com Wannous a questão é diferente uma vez que ele adopta a habilidade técnica de Brecht e a maturidade de atitudes de uma forma única que leva à criação de uma identidade distinta de um teatro árabe para satisfazer as necessidades das suas massas. De facto, Wannous foi atraído pelo assunto, quer factual ou imaginativo, bem como pelas técnicas, o mais significativo das quais é o efeito de alienação.

A analogia das visões progressistas de Brecht e Wannous introduzidas para reformar a sociedade e desafiar as ideologias actuais é testemunhada ao longo das leituras críticas das suas peças. As peças de Wannous mostram a sua intenção de compreender o contexto histórico, político, social e cultural das crises árabes para reflectir a realidade da Pátria Árabe. Tal como Brecht fez nas suas peças Wannous também reflectiu o tema fundamental da relação pessoa-autoridade e o efeito da política sobre a vida das pessoas. Além disso, cada teatro político de Brecht e o teatro de politização de Wannous cria dois mundos contrastivos cujas realidades são expostas através do conflito universal entre vícios e virtudes, e capitulação e confronto. Consequentemente, as peças de Wannous são povoadas pelos habitantes do teatro brechtiano: líderes cruéis, oportunistas, especuladores de guerra, idealistas desiludidos, e pessoas desiludidas.

Caracteristicamente, os habitantes cujas misérias ocupam a posição central nas peças de ambos os dramaturgos reflectem-se em estrutura semelhante. Dramaticamente, a estrutura que combina a narrativa e os elementos dramáticos faz com que a peça conte alternadamente, bem como o espectáculo, e o seu fluxo curvo de acção é geralmente interrompido para servir o propósito didáctico. Além disso, Wannous usa também um prólogo de abertura e uma estrutura episódica solta na sua peça como uma tentativa de demonstrar a luta de Brecht sem motivações.

Simplesmente, o que Wannous adoptou do teatro épico de Brecht, seja em matéria de tema ou de técnicas, é manipulado de forma eminente para manter o público num estado de espírito crítico, envolvê-lo no processo de produção da peça, e transmitir a mensagem de Brecht de que as condições sociais, políticas e económicas não são naturais e inatas ou fixas de forma rígida e imutável, mas podem, e devem, ser alteradas. Assim, ambos os dramaturgos abrem mais possibilidades de como o palco pode ser utilizado e com que finalidade.

BIBLIOGRAFIA

Al-Aalm, Mahmoud Amen. *Al-Wajeh wa Al-Qanaa fi Maserahena Al-Arabi Al-Ma'aser (A Face e a Máscara no Nosso Teatro Árabe Contemporâneo)*. Beirute: Dar Al-Adab, 1973.

Abdul-Fatah, Hanaa". "Wannous Cama Rayeteh" (Wannous as I saw Him) em *Fisool: Majelat Al-Naqed Al-Adebi (Seasons: The Literary Criticism Magazine)* vol.16, no.1 Egipto: The General Egyptian Institution of Book, Verão de 1997.

Abdul-Lateef, Khalid. *Maserah Saadallah Wannous: Dirassa Faniya (Teatro de Saadallah Wannous: Um Estudo Artístico)* Uma Tese de Mestrado não publicada, Univ. do Cairo, ColégiodeArtes, 1984.

Abu Hajef, Abdullah. *Al-Anjaz wa Al-Ma'anat: Hader Al-Maserah Al-Arabi fi Síria (The Achievement and Suffering: O Presente do Teatro Árabe em Síria)*. Damasco: The Union of Arabic Writers, 1988.

----------------. *Al-Maserah al-Arabi Al-Ma'aser: Qathia, Rowa, wa Tajarb (The Contemporary Arab Theatre: Affairs, Premeditations, and Experiments)*. Damasco: The Union of Arabic Writers, 2002.

Arz, Donete Von. "Autor Político e Não-Conformista": Bertolt Brecht" em *German News*. Março de 1998.

Átia, Hassan. "Al-Wa'ai Al-Tarekhi wa Me'adlet Al-Mothequf- Al-Selta fi A'amal Wannous Aneyat Al-Waqa'a" (A Consciência Histórica e a Diacatomia dos Educados. Autoridade em Wannous's Works Are Current Incidents) em *Fisool: Majelat Al-Naqed Al-Adeb (Seasons: The Literary Criticism Magazine)* vol.16, no.1 Egipto: The General Egyptian Institution of Book, Verão de 1997.

Baalbaki, Munir. *Al-Mawaid: Um dicionário moderno de inglês-arábico.* Beirute: Dir Al-Malayan, 2004 s.v. "The Lamps of Experience": A Collection of English Proverbs With Origins and Arabic Equivalents".

Benjamin, Walter. *Bertolt Brecht.* Maspero: Petite Collection Maspero, 1974.

Bentley, Eric. *O dramaturgo como um pensador: Um Estudo de Drama em Tempos Modernos.* Nova Iorque: The World Publishing Company, 1946.

---------------. *Teatro de Guerra: Comentários sobre 32 Ocasiões.* Londres: Eyre Methuen LTD, 1972.

---------------. *A Teoria do Estágio Moderno: Uma Introdução ao Teatro e Drama Moderno.* Nova Iorque: Penguin Books, 1974

Bergeron, John trans. "Saadallah Wannous 'Metamorphoses' Staging Taboo Issues on a Damascus Stage" www.qantara.de acedido em 1-9-2005.

Bjorneboo, Jens. "Hemingway and Brecht" traduzido do norueguês por Esther Greenleaf Muer em 1999 hom.att.net/~emaner/texts/chbb.htm. acedido em 23-11-2005.

Brecht, Bertolt. Brecht *no Teatro.* trans. Por John Willett. Londres: Methuen LTD, 1964.

---------------. *Reproduz Dois.* Trans. por John Willett. Londres: Methuen LTD, 1987.

Brien, Robert O. e Dukore, Bernard F. eds. *Tragédia: Dez grandes jogadas dos gregos para a ModernTimes.* Nova Iorque: Bantam Books Inc., n.d.d. com uma introdução dos editores.

Brocket, Oscar G. *World Drama.* Nova Iorque: Holt, Richard and Winston, Inc., 1984.

---------------. *O Teatro: Uma Introdução.* Univ.deIndiana: n.d.

Chalala, Elie. "Saadallah Wannous Calls for Restoration of Theatre, The 'Ideal Forum' for Human Dialogue" in *Al Jadid*, vol.2, no.8, 1996.

---------------. "Gerações de Catástrofes": O Problema Palestiniano em Meio Século" em *Aljadid*. Vol.4, no.23, 1998.

Cuddon, J. A. A. *A Dictionary of Literary Terms*. Londres: Penguin Books, 1984.

Curren, Angela. *A crítica de Brecht à Estética da Tragédia de Aristóteles*. ColégioMountHolyoke: Dept. de Filosofia, Dezembro de 1997.

Dawson, Jeffrey. "Brecht" http://hsc.csu.edu acedido em 23-11-2005.

Diab, Ali". Saadallah Wannous Fi Thiikra Rehelleh Al-Sabea'a" (Saadallah Wannous no seu 7º Aniversário). www.kefaya.org acedido em 5-1 2005.

Doherty, Brigid. *Test and Gestus em Brecht e Benjamin*. Nova Iorque: John Hopkins Univ. Press, 2000.

Doje, David. *Bertolt Brecht, The Aesthetic of Epic Theatre: Implicações Pedagógicas para a Gestão e Organização*. New Mexico State Univ., Julho de 2003.

Esslin, Martin. *Brecht: O Homem e a Sua Obra*. Nova Iorque: Doubleday and Company Inc., 1961.

----------------. *Brecht: A Choice of Evils, a Critical Study of the Man, His Works and His Opinion (Uma Escolha dos Males, um Estudo Crítico do Homem, as Suas Obras e as Suas Opiniões)*. Londres: Eyre Methuen, 1980.

Fahid, Isma'iel. *Al-Kalema-Al -Fea'al fi Maserah Saadallah Wannous (A Palavra-Acto no Teatro Saadallah Wannous)* . Beirute: Dar Al-Adab, 1981.

Gassner, John. *Realização em Teatro e Drama Moderno: Forma e Ideia no Teatro Moderno*. Uma edição ampliada. Nova Iorque: Holt Richard e Winston Inc., 1966.

Gouryh, Admer. *Tendências recentes no Drama Sírio*. Oklahoma: ProQuest Information and Learning Company, 2002.

Hansson, Lisa C. "The Obivious in Brecht" www.gradesaver.com acedido em 9- 11-2005.

Hassan, Fatem Sharafeddine. "Wannous Perspective on Theatre": A Balance Between Nationalist Tradition and Universalism" in *Aljadid* vol.2, No.8, Junho de 1996.

Hassan, H. Kassab e Samara, Rania. "Power Plays or Sex Cases, It Is Always The Personal Freedom Which Is Concerned In The Two New Parts Of the Syrian Saadallah Wannous" www.imeda.net acedido em 5-2-2006.

Hyoung, JiJoo. "Failure as Epic Theatre...Specially in Brecht's *Mother Courage and Her Children*" www.lancs.ac.uk acedido em 27-10-2005.

Ibrahim, Rekardous Youssef. *Ather Alef Lyela wa Lyela fi Al-Nas Al-Maserahi Al-Arabi min 1975-1985* (*The Traces of The Arabian Nights in the Arab Dramatic Text from 1975-1985*) M A. Thesis, Univ. de Bagdade, FaculdadedeBelas Artes, 1989.

Isma'iel, Salieman. "Saadallah Wannous": Rajel Al-Maserah Al-A'almi" (Saadallah Wannous: The Man of International Theatre).at www.almooftah. acedido em 25-3-2006.

Jacobus, Lee A. *O Bedford Introdução ao Drama*. terceira edição Boston: Bedford Books, 1997.

Jaghi, Abdul-Rahman. *Saadallah Wannous wa Al-Maserah* (*Saadallah Wannous e Teatro*) . Damasco: Al-Ahali, 1998.

Al-Jhayem, Yasser. "S. Wannous in a Ph.D Thesis", em *Síria Tempos: Revista diária* em 4-7-2005.

Khasheba, Sami. *Qathiya Al-Maserah Al-Ma'aser* (*The Affairs of Modern Theatre*). Bagdad: 1977.

Kitchin, Laurence. *Drama de Meio do Século*. Londres: Faber e Faber, 1969.

Koroly, John Micheal. "Mother Courage and Her Children" www.oobr.com acedido em 2-11-2005.

Lackey, Jennifer D. "Bertolt Brecht and the Alienation Effect in Theatre" www.geocities acedida em 9-11-2005.

Al-Lami, Alaa. "Isteleham Al-Tareekh fi Masraehyat saadallah Wannous" (The Inspiration of History in Saadallah Wannous's Plays). http://www.syria-today_drama . Acesso em 3-2-2006.

Al-Mashaekh, Mahmmed. "Al-Maserah Al-Hadeeth anda Saadallah Wannous" (Teatro Moderno para Saadallah Wannous) em *Al-Aqlam: Sahefa Thaqafya Shahrya (The Pens: A Monthly Cultural Journal)* Vol. xv, no.6 Bagdad: Dar Al-Hurriya, Março de 1980.

Comerciante, Paul. *O Épico*. Londres: Methuen e COLtD, 1971.

Merchant, Sarah. "Stanislavski e Brecht procurados para desafiar as Convenções Teatrais do Dia" www.Bertolt_Brecht.html acedido em 2-12-2005.

Mittenzwie, Werner. "Brecht 1973-Speech on His 75th Birthday" em *Brecht as They Knew Him* ed. Por Herbert Witt. Alemanha: SevenSea Books, 1974.

Morner, Kathleen e Rausch, Ralph. *De Absurdo a Zeitgeist: O Guia Compacto de Termos Literários*. Illinois: Contemporary Publishing Company, 1997.

Muhil- Deen, Khalid. *Khasoseit Al-Maserah Al-Arabi* (*The Specialtyof Arab Theatre*. Damasco: The Union of Arabic Writers, 1986.

Nahir, Hazam". Saadallah Wannous: Malhamet Sera'a Bein Al-Hayat wa Al-Mout" (Saadallah Wannous: Heroic Conflict Between Life and Death) www.rezgar.com acedido em 16-2-2006.

Otten, Liam. "*The Good Person of Szechwan*: Brecht's Provocative Modern Parable" (*A Boa Pessoa de Szechwan*: Parábola Moderna Provocativa de Brecht). Washington Univ. em St. Louis Notícias e Informações. acedido em 16-2-2006.

Piscator, Erwin. *O Teatro Político* trans. e com introduções de capítulos e Notas de Hugh Rorrison. Londres: Eyre Methuen LTD, 1980.

Politzer, Heinz "How Epic Is Beertolt Brecht's Epic Theatre" em *Modern Drama: Essays in Criticism* editado por Travis Bogard e William I. Oliver. Nova Iorque: OxfordUniversity Press, 1965.

Rakha, Youssef. "Stages of development" http://weekly.ahram.org acedido em 7-7-2005.

Al-Rewani, Abla. "Al-Swoall al-Democrati fi Mashroa' Saadallah Wannous" (A Questão democrática no Projecto Saadallah Wannous) em *Fisool: Majelat Al-Naqed Al-Adebi*(*Seasons: The Literary Criticism Magazine*) vol.16, no.1 Egipto: The General Egyptian Institution of Book, Verão de 1997.

Riley, Dave. "The Life and lies of Bertolt Brecht" www.writing.upenn.edu acedido em 9-11-2005.

Rorrison, Hugh. Introdução à *Mãe Coragem de* Brecht *e seus filhos*. Londres: Methuen Edições Estudantis, 1983.

Saad, Muna. "A Alienação no Teatro Moderno": Through Bertolt Brecht's Theatre" in *A'allam Al-Faker* (*The Distinguished of Thought*) Vol.10. Kuwait,1979.

Sassa, Chikako. "'Elephant' Invade Tanto o Infinito como a Sociedade". www.tech.mit.edu acedido em 4-9-2005.

Schumacher, Ernst. "He Will Remain" in *Brecht as They Knew Him* editado por Hurbert Witt. Alemanha:SevenSea Books,1974.

Styan, J.L. *The Dark Comedy: The Development of Modern Comic Tragedy.* Londres: CambridgeUniv. Press, 1968.

-------------. *Drama Moderno em Teoria e Prática: Expressionismo e Teatro Épico.* Londres: CambridgeUniv. Press, 1981.

Swairjo, Manal A. "Saadallah Wannous": A Life in Theatre" in *Aljadid* vol.2, no.8, Junho de 1996.

Swannell, Julia ed. *O Oxford Dicionário de Inglês Moderno.* Londres: OxfordUniv. Press, 1992.

Taylor, John Russell. *O Dicionário do Pinguim do Teatro.* Londres: Methuen e COLTD, 1967.

Tharwat, Youssef Abdul-Maseeh. *Dirasaat fi Al-Maserah Al-Ma'aser (Estudos em Teatro Contemporâneo).* Bagdad: Dar Al-Nadha, 1985.

Thompson, M.P. *Bertolt Brecht: Propostas para um Teatro Épico.* Univ.deDurham, Outubro de 2001.

Trilling, Lionel. *A Experiência da Literatura: Drama.* Nova Iorque: Holt, Rineheart, e Winston, Inc., 1967.

Wannous, Saadallah. *The King Is The King* in *Modern Arabic Drama (O Rei é o Rei no drama árabe moderno): Anthology.*Trans. e ed. Por Roger Allen e Salma Khadra Jayyusi. Bloomington: IndianaUniv. Press, 1995.

----------------. *The Rape* trans by Nezar Andary andary and Osama Isber in *Al Jadid* vol.3, no.15, Fevereiro de 1997.

----------------. *O Elefante, Vossa Majestade* em www.media.edu acedido em 13-7-2005.

Wilkie, Brian e Hurt, James. *Literatura do Mundo Ocidental: Neo Classicism Through the Modern Period.*vol.2, quinta edição. Nova Jersey: Prentice-Hall Inc., 2001.

Wilkinson, Eric. "Bertolt Brecht's Marxist Perspective" www.Bertolt_Brecht.html acedido em 9-10-2005.

Williams, J.F. *Brecht's Originality: the Problem of Influences*.Court of the UniversityofSt.Andrews, 2003.

Williams, Raymond. A *Tragédia Moderna*. Londres: Chatto and Windus, 1966.

------------------. *Drama de Ibsen a Brecht*. Harmoundsworth: Penguin Books, 1973.

Woodson, S.E. "Bertolt Brecht and Epic Theatre, The 220" www.Brecht_Epic acedido em 9-11-2005.

Encyclopedia Britannica, The 1995.s.v. "Epic Theatre of Brecht" (Teatro Épico de Brecht)

Encyclopedia Britannica, The 1943-1973 vol.3, s.v. "Brecht, Bertolt"

_"Bertolt Brecht" www.gradesaver.com acedido em 23-11-   2005

"Saadallah Wannous" www.damascus-online.com acedido em 26-8-2005.

"The World, This 'Coarse Joke' " http://www.mond-diplomatique.fr. acedido em 12-3-2006.

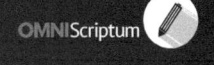